Jean-Pierre Andrevon / Emre Orhun

Cuentos y Leyendas de los Héroes de la Antigua Roma

SELECTOR

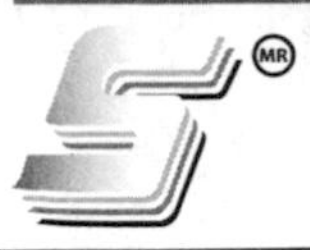

SELECTOR
actualidad editorial
Doctor Erazo 120 Colonia Doctores México 06720, D.F.
Tel. (52 55) 51 34 05 70 Fax. (52 55) 57 61 57 16

CUENTOS Y LEYENDAS DE LOS HÉROES DE LA ANTIGUA ROMA
Traductora: Leticia Alvaradejo
Colección: Memorias del mundo

Traducción de la obra original *Contes et Récits des Héros de la Rome Antique* de *Jean-Pierre Andrevon*

Ilustración de interiores: Emre Orhun
Diseño de portada: Emre Orhun y Víctor Manuel Montalvo Flores Magón

ISBN (francés): 209282025-7

ISBN-10:970-643-959-5
ISBN-13:978-970-643-959-8

Primera reimpresión. Febrero de 2007.

Sistema de clasificación Melvil Dewey

868
A516
2006

Andrevon, Jean-Pierre.
Cuentos y leyendas de los héroes de la antigua Roma / Jean-Pierre Andrevon; trad. Leticia Alvaradejo.--
Cd. de México, México: Selector, 2006.
320 p.
ISBN 10: 970-643-959-5
ISBN 13: 978-970-643-959-8

1. Literatura juvenil. 2. Historia

CUENTOS Y LEYENDAS
de los HÉROES
de la ANTIGUA ROMA

ÍNDICE

I
LOS HIJOS DE LA LOBA

Rómulo funda Roma
(753 a. C.)

TARA, LA LOBA, OLISQUEABA el aire húmedo de la noche.

Con la caída del crepúsculo decidió salir del refugio en donde se había escondido después del drama. Había permanecido durante mucho tiempo al abrigo de un pequeño bosque, no lejos de la entrada de su guarida, con el hocico entre las patas y emitiendo pequeños gritos de dolor.

Al fin, se enderezó. Arqueó el lomo y se lanzó hacia la espesura del bosque, que comenzaba a oscurecer, con un aullido desesperado. Inmediatamente le dio la espalda a su guarida y, con esa inimitable manera de caminar que caracteriza a su especie, Tara intentó descender hacia la planicie.

El recuerdo de la tragedia se iba borrando poco a poco de su memoria. Lo que acababa de sucederle era espantoso. También lo era para una loba, pues esta loba era una madre y había encontrado, al regresar de una expedición de caza infructuosa, a sus tres recién nacidos, inmóviles, en un enorme charco de sangre todavía fresca.

Al principio, Tara no comprendía lo que estaba sucediendo. Desesperada, los presionaba con el hocico y con sus patas, intentando darles vida a esos cuerpecillos que ya no se movían. Cuando había dejado a sus pequeños para ir de caza, éstos jugaban, daban maromas y se mordisqueaban entre sí. A pesar de que aún estaban ciegos y apenas se podían sostener sobre sus patitas, ¡cuánta vivacidad y alegría manifestaban cuando veían de nuevo a Tara, su mamá!

Pero ahora ya no era así. En la guarida sólo reinaba la inmovilidad, el frío y ese enervante olor a sangre que invadía la nariz de Tara. En ese momento, la verdad cayó sobre la loba: sus pequeños habían muerto.

¿Quién había perpetrado ese crimen? ¿Un oso? ¿Algún otro lobo hermano de raza, solitario como ella, se había quedado después de que Gort, su pareja, desapareció? Tara no reconocía el olor extraño que flotaba alrededor de los cadáveres. Y sin lugar a dudas, comprendía confusamente que una fiera habría devorado a sus bebés en lugar de dejar su piel intacta.

Lo más seguro era que el culpable hubiera sido uno de esos bípedos que al parecer cada vez eran más numerosos en esa región –esas criaturas que no tienen piedad, capaces de matar por nada, desde lejos, con esas puntas de metal que vuelan en el aire y que no se sabe ni de dónde vienen: ¡Los hombres!

A medida que Tara salía del bosque de robles y pinos que tapizaban la colina, la

rabia y la tristeza se fueron alejando poco a poco de su espíritu y eran remplazadas por necesidades más apremiantes: el hambre y la sed. La loba fruncía su hocico para captar las emanaciones presentes en la atmósfera. La planicie se extendía delante de ella, suavizada por las sombras color violeta de la noche. Todo parecía tranquilo. El cielo estaba todavía claro; el cauce del río brillaba, aunque se veía un poco impreciso por la bruma que subía.

Con su trote rápido, Tara se dirigió hacia la pendiente sinuosa entre matorrales, laureles y bosques de higueras para estar a salvo. Durante esa hora –la loba lo sabía bien– la orilla del río hacía casi invisibles a algunos animales que llegaban a beber agua inocentemente. Y cada uno de ellos, dependiendo de lo que fuera, podía convertirse en una deliciosa presa.

Sin embargo, un olor insólito invadió el sentido del olfato de Tara mientras llegaba a la orilla del río. Levantó su belfo y gruñó quedo. El olor que la inquietaba era ése, soso y vagamente repugnante, de los adversarios tan temibles: los hombres. Sin embargo, aquel olor tenía una particularidad que no era habitual y que la loba no lograba definir.

Tara se echó a tierra y avanzó arrastrándose. Sus tetillas le dolían, pues estaban llenas de leche y la aspereza del terreno le ocasionaba raspones. Cuando al fin llegó a la fuente de ese extraño olor, la impresión hizo que reprimiera un gruñido, ya que lo que tenía ante sus ojos no correspondía con nada que ella conociera hasta ese momento.

¿Hombres? Eran dos, acostados en una especie de canasta de mimbre que el río debía haber aventado hacia la orilla. La canasta estaba atorada en las raíces de un enorme árbol que formaba una gruta natural. Adentro, las dos criaturas movían los brazos y las piernas. Su piel era rosa pálido y estaba totalmente desprovista de pelo. Se veían horrorosos, pero, más que nada, eran los hombres más pequeñitos que Tara había visto nunca.

Prudentemente, Tara se metió entre las raíces para olfatear los minúsculos cuerpecillos. Los pequeños se agitaron y empezaron a emitir pequeños ruidos agudos con la boca. Aquellos gritos dolientes le recordaron a Tara, de manera confusa, alguna cosa. Sí: le recordaron a sus bebés cuando le reclamaban la leche de sus tetillas. Parpadeaba; tenía la lengua colgando y sus orejas levantadas registraban los lloriqueos que provenían de la canasta. El olor de la carne tierna y caliente era muy apetecible y le movía el estómago. Hubiera sido muy fácil acercarse y hundir sus colmillos sobre... Pero, ¡no y no! La loba se dio cuenta de inmediato de que jamás podría devorar a esos pequeños seres indefensos, pues ¡le recordaban mucho a sus cachorros!

De manera instintiva, se acostó de lado sobre la canasta. Poco a poco, los lloriqueos cesaron. En ese momento, Tara sintió un toqueteo poco hábil de aquellas manitas sobre la piel de su vientre y, después, la mordida de las pequeñas bocas sin dientes alrededor de sus tetillas. Un alivio y un consuelo intensos la invadieron cuando las primeras gotas de leche entraron en las ávidas boquitas.

Tara ya no se sentía mal; no tenía hambre y ninguna pena la aquejaba. Cerró los ojos. Los bebés humanos mamaban y saciaban sus débiles cuerpos con la vigorosa leche de la loba.

Los dos niños abandonados eran los hijos gemelos de una mujer de gran belleza que se llamaba Rea Silvia. Era la hija del rey Numitor quien, en esa época lejana, reinaba en la villa de Alba Longa.

Numitor también tenía un hijo que se llamaba Proctor, y un hermano cadete llamado Amulio. Este último, lleno de ambición, se lamentaba de que nunca sería rey en lugar de Proctor, cuando Numitor muriera. De esa manera, concibió un plan maquiavélico destinado a abrirle definitivamente las puertas del poder.

El pérfido Amulio empezó por mandar asesinar a Proctor en las profundidades de un bosque. Después, mediante hábiles y siniestros discursos, convenció a su hermano de que consagrara a Silvia a Vesta, diosa del Fuego y del Hogar. Las sirvientes de Vesta, llamadas vestales, estaban destinadas a permanecer vírgenes. De esa manera, Rea no tendría hijos que pudieran disputarle el reino. Y como era un hecho que Numitor, viudo inconsolable, no tendría jamás otro heredero, Amulio se sabía desde ese momento con las manos libres.

Numitor ya estaba viejo y la pena de haber perdido a su hijo lo consumía lentamente. Y poco a poco abandonaba el poder y lo cedía a su hermano. Sin embargo, las divinidades no dejan de observar detenidamente a los humanos. Marte, dios muy aventurero, había quedado prendado por la fresca belleza de Rea Silvia. Y como nada, ni la más fuerte de las murallas puede detener a un dios, Marte le hizo la corte a Silvia y la sedujo.

Silvia quedó embarazada. En la celda más escondida del templo dio a luz a dos niños. A pesar del silencio cómplice de las otras vestales, el secreto de este nacimiento no se guardó durante mucho tiempo. Amulio tenía espías hasta en el corazón del templo y le comunicaron este acontecimiento desde el segundo día. Se encolerizó y mandó llamar al coloso Tabor, el más fiel de sus guardias.

—¡Ve de inmediato al templo de Vesta y arráncale a Silvia a esos gemelos impíos que acaba de traer al mundo! –vociferó Amulio– y ahógalos en el Tíber…

Tabor no tenía la costumbre de discutir. En plena noche irrumpió en el templo y, a pesar de las súplicas de Silvia, tomó a los bebés, los cubrió con su capa y partió como había llegado.

En ese tiempo, Alba no era sino una pequeña ciudad con casas de madera y de adobe, guarecida en la curva del río Tíber, entre pantanos y bosques. Tabor la atravesó rápidamente pero, justo cuando iba a aventar a los dos recién nacidos al río, una fuerza oscura lo detuvo y le paralizó el brazo.

Sus manos temblaron y sus ojos se nublaron. No cabía duda de que él era un guerrero rudo, fiel entre los fieles al príncipe Amulio, pero recordaba también haber sido un bebé mimado y acariciado por su madre... Y tomó rápidamente una decisión: divisó una gran canasta de mimbre abandonada en la orilla del río y en ella depositó a los bebés para luego empujar la embarcación improvisada sobre la corriente de las aguas, confiando a esos bebés al azar del río. En esa noche con fuerte viento, Tabor vio desaparecer la cuna antes de secar con un gesto rápido esa humedad poco habitual que había inundado sus ojos.

Arriba, en las nubes del Olimpo, Marte sonreía mesándose la barba. Sus hijos estaban a salvo.

A Tabor no le quedó otra alternativa que confesarle al terrible Amulio que el crimen ya se había perpetrado.

Así fue como, desde el día siguiente, algunos kilómetros río abajo en el Tíber, delante de la gruta Lupercal, bajo una higuera muy vieja que tenía por nombre Ruminel, la loba Tara tomó bajo su protección a esos niños salvados de las aguas del río.

En adelante, cada día, por la mañana y por la noche, Tara ofrecía sus tetillas a esas pequeñas bocas hambrientas. Los bebés, sobre los cuales se acostaba suavemente durante buena parte de la noche brumosa para protegerlos del frío, fueron perdiendo su olor humano y se impregnaron con el olor de los lobos; así, Tara acabó por no notar la diferencia entre esos pequeños humanos y sus cachorros, a quienes ella no tardó en olvidar.

Los pequeños crecieron y se fortalecieron. A los tres meses tenían la talla y el peso de un bebé de un año de edad.

Tara los había encontrado en el otoño. Muy rápidamente, llegó el invierno que volvió a cerrar su mano de escarcha sobre la tierra y sobre las ramas de la higuera. Pero lo peor fue que las tetillas de

Tara se endurecieron y la leche empezó a faltar.

La loba intentó llevarles a sus hijos adoptivos pedazos de carne de cacería pero, ante su asombro, sus bizarros lobeznos sin pelo se negaron a hincar sus apenas salientes dientes en esa carne cruda. Y otra vez empezaron a presentar síntomas de hambre y comenzaron a llorar.

La loba no entendía nada. ¡Era tan buena la carne roja y calientita! Tara tenía un grave problema por resolver, mismo que fue solucionado por el pastor Faustulus.

Faustulus vivía con su esposa Acca Laurentia en una cabaña que había hecho de troncos con sus propias manos, construida sobre la pendiente de la colina del Palatino. La vida era difícil para la pareja, que poseía sólo una decena de ovejas. Y lo peor es que no pasaba una semana sin que un lobo intentara llegar hasta ellos y atrapar una oveja. Con el invierno, las cosas no mejoraban.

Una mañana, cuando Faustulus –buen mozo, gallardo y barbado, sin malicia– fue a pescar, observó a lo lejos a la loba que salía de entre las raíces de la higuera Ruminel. Al ver a la loba, la sangre del pastor y el corazón dieron un vuelco. Faustulus no estaba armado; así que, esgrimiendo su caña de bambú para pescar, corrió hacia el animal, gritando:

—¿Qué estás haciendo allí, bestia indecente? ¡Lárgate! ¡Al diablo! ¡Al infierno!

Sorprendida por ese enorme jaleo, Tara olvidó a sus pequeños para huir en la espesura de la maleza. Y, ¡cuál no fue la sorpresa de Faustulus al descubrir en la canasta atorada entre las raíces, a dos bebés que estaban muy agitados! Estaban desnudos, batidos de sangre y de mugre, un poco delgados, sin duda, pero aparentemente con perfecta salud.

—¡Vaya, pues...! ¡Vaya, pues!— no podía más que murmurar, mesándose la barba.

Después, regresó a grandes zancadas a su cabaña. Acca Laurentia, su mujer, estaba a punto de amasar la pasta para hacer el pan de centeno. Escuchó con atención las complicadas explicaciones de su marido y levantó sus brazos hacia el cielo.

—¿Dices que encontraste dos bebés a la orilla del río? ¡Y regresas con las manos vacías! ¿Pero cómo puedes ser así de tonto? ¡Hazme el favor de ir a buscar a esos pobres pequeñines, de inmediato! Mejor no, yo quiero ir contigo.

Acca Laurentia se limpió las manos con el delantal y siguió a su marido en el aire frío de la mañana. Bajo la higuera, ambos quedaron impresionados y luego maravillados.

—¡Son bellísimos! ¡Son muy despiertos! ¡Y fuertes! Es una tontería haber abandonado a estas criaturas.

—Pero, ¿qué vamos a hacer? —masculló Faustulus.

—¿Que qué vamos a hacer? ¿Y si pones a trabajar tu cabeza, esposo mío? ¿Crees que los vamos a dejar abandonados en las garras de la loba a la que acabas de ver huir? Vamos a recogerlos, por Júpiter. Y los vamos a criar. Los dioses no nos permitieron tener hijos, pero ahora nos han hecho este milagro. ¿Puedes rehusar un regalo como éste?

Faustulus se rascaba la cabeza y alzaba los hombros. La causa era clara. Acca Laurentia acomodó a los gemelos bajo su chal y, plena de felicidad, tomó el camino de regreso a la cabaña. Los hijos de Marte y Silvia tendrían de hoy en adelante unos verdaderos padres.

Cuando Tara regresó, con mucha precaución entre la bruma de la noche, para ocuparse de sus pequeños, encontró solamente una canasta vacía y, flotando en la atmósfera, un muy desagradable olor a humano. Lanzó un aullido inquieto y dio una vuelta alrededor de la higuera antes de regresar a cazar. Al otro día por la mañana, los bebés no habían regresado. Volvió a hacer dos o tres veces el peregrinaje hasta la gruta. El recuerdo de los bebés humanos se empezó a borrar poco a poco de su mente, como se había borrado, en su momento, el recuerdo de sus propios hijos.

Entonces, Tara volvió a retomar su vida libre de loba.

Los niños crecieron. Acca Laurentia los llamó Rómulo y Remo, dos nombres parecidos entre sí, como eran parecidos los hermanos. Remo tenía el cabello rubio dorado y los ojos azules, característica que seguramente tenía gracias a su ilustre padre de origen divino. Rómulo era moreno con los ojos cafés, como su madre. Por otra parte, eran igualmente esbeltos, musculosos y con una fisonomía masculina de gran belleza.

¿Se debía esto a la leche de la loba? Rómulo y Remo eran fuertes, vivos, diestros, astutos y luchadores. Desde que eran muy jóvenes, se lanzaron a una competencia eterna para saber quién de los dos era el más rápido en las carreras, quién era el más capaz de disimular su presencia en el bosque o de alcanzar con la mayor precisión los muñecos de trapo con sus armas.

—¡Soy yo! —gritaba Rómulo.

—Eso crees tú, ¡soy yo! —respondía Remo.

Al llegar a la adolescencia, Rómulo y Remo aprendieron a usar la espada y el arco. A los quince años se convirtieron en magníficos adolescentes que parecían de veinte años. De esta manera pudieron reunir alrededor de ellos a un grupo cada vez más numeroso de jóvenes que vivían en los alrededores y que eran, como ellos, hijos de pastores o de paisanos, y de manera natural se convirtieron en sus jefes.

Los juegos se transformaron en partidas de caza, en enfrentamientos violentos pero amistosos. Alrededor de los gemelos no había nadie que pudiera organizar, como ellos, las batallas ordenadas ni los asaltos a fortalezas simuladas con simples elevaciones de tierra. Sin embargo, era evidente que el rubio Remo ganaba sobre el moreno Rómulo con más frecuencia que a la inversa.

En esas ocasiones, Rómulo, que era mal jugador, no podía contenerse para vociferar.

—Claro, tus soldados han tomado mis murallas. ¡Pero es por culpa de ese idiota de Servio! No siguió mis órdenes y no construyó la montaña de espinas que te hubiera impedido pasar.

Cuando, en las pruebas de tiro con arco, Remo le ganaba a su hermano acertando en el blanco en más ocasiones, Rómulo mascullaba:

—¡Vamos, pues! Yo tenía el viento en contra.

Esas querellas se interrumpieron cuando se produjo un encuentro inesperado que iba a cambiar muchas cosas: el encuentro con Numitor, el viejo Rey venido a menos, que era también el abuelo de Rómulo y Remo.

Recordemos que Numitor había sido destituido de su trono por su hermano Amulio quien, después de creer que se había librado de los hijos de Rea Silvia, relegó a la pobre vestal en el más oscuro calabozo del palacio.

Aunque no por falta de ganas, Amulio no llegó a matar a Numitor por temor de que sus seguidores leales lo castigaran. Pero, desde ese momento, el anciano soberano, desposeído de todo poder, tomó por costumbre caminar por las calles de Alba, disimulando su figura bajo un capuchón en el que escondía su vergüenza y su tristeza.

Un día, por una callecita de los barrios bajos, Numitor vio caminar a dos hombres jóvenes de bella apariencia. Uno era rubio y llevaba una túnica blanca; el otro era moreno y vestía una túnica púrpura. Eran extrañamente parecidos, y al notar el carácter altivo de ambos, el viejo Rey, con una sorpresa indecible, reconoció los rasgos de su desgraciada hija. ¿Sería posible que...?

—Díganme –resoplaba, reteniendo a los dos muchachos por los brazos–. Nunca los había visto por aquí. ¿Quiénes son? ¿Quiénes son sus padres?

Divertidos por las preguntas de ese viejo que parecía un mendigo o un loco, Rómulo y Remo le explicaron que hacía quince años

Faustulus, el pastor, los había encontrado a las orillas del Tíber, donde aparentemente una loba los había amamantado.

—El río... hace quince años... ¡Entonces no pueden ser más que ustedes! Ustedes, mis nietos –balbuceaba Numitor.

Y abrazó a los dos jóvenes contra su delgado pecho antes de contarles toda la historia. Los gemelos, que no dudaban de nada, no quedaron especialmente impresionados.

—Entonces nosotros somos tus nietos –decía Rómulo, cambiando miradas con su hermano; miradas que eran muy reveladoras–. Nosotros somos príncipes. ¿Y un usurpador ocupa tu trono? Bien, noble Rey, créeme que ¡no lo ocupará durante mucho tiempo más!

El mismo día, Remo y su hermano reunieron a su gente y tomaron por asalto el palacio real, capturaron a Amulio, lo condenaron a muerte y liberaron a su verdadera madre. Realizaron esto muy fácilmente, pues el Príncipe traidor no había logrado nunca atraerse el amor de sus súbditos.

Y Numitor logró al fin recuperar su trono.

Pero Rómulo y Remo, a quienes esta explotación les había dado ideas, no estaban aún satisfechos.

—Nuestro abuelo reina sobre el territorio de Alba. ¡Muy bien! Ahora nosotros sabemos que somos príncipes. ¿Pero, qué reino tenemos?

Rómulo, quien había formulado esta pregunta, hizo un largo gesto con el brazo alrededor del horizonte, cercado por las colinas cubiertas por densos bosques, al pie de las cuales se extendían praderas sin cultivos y pantanos brumosos.

—Entiendo lo que quieres decir —opinó Remo—. Es importante que construyamos una ciudad para nosotros. ¿Por qué no al lado del Gran Circo, en la llanura del Aventino? De esta forma estaríamos a un lado del Tíber, lo que nos permitiría tener agua, que es indispensable.

—¡No estoy de acuerdo contigo! —lo detuvo Rómulo—. Construyamos mejor sobre el monte Palatino. Una ciudad en las alturas es más fácil de defender contra cualquier enemigo que quisiera atacarla.

—No, mejor en el Aventino —dijo obstinado Remo.

—¡Para nada, mejor el Palatino! —gritó Rómulo.

—¿Y si dejamos que lo decidan los dioses? —les dijo Servio, que permaneció como el más fiel compañero de los dos hermanos—. Aceptemos su augurio. Les propongo esto: Remo, voltea hacia el Aventino. Tú, Rómulo, hacia el Palatino. Y, justo en el momento en que el Sol haya llegado a su cenit, ustedes deberán ver hacia el cielo y observar el vuelo de los buitres. Quien haya visto más buitres decidirá sobre nuestra futura ciudad.

Así se hizo. En medio de un silencio atento se podía escuchar sucesivamente las voces de los dos hermanos que contaban los pájaros de presa que atravesaban el valle, unos sobre la planicie del Aventino, otros hacia el monte Palatino.

—¡Uno!

—¡Dos... y tres!

—¡Dos, tres, cuatro para mí!

—¡Dos más, que ya suman cinco!

Cuando el Sol llegó al cenit, el timbre triunfal de Rómulo aclamaba:

—¡Dos más! ¡Doce! ¡He visto doce!

—¿Y tú, Remo? —le preguntó Servio.

—Ocho... yo no vi más que ocho —gruñó la pérdida.

—La causa está clara: ¡será en el Palatino! —aclamó triunfante Rómulo—. ¡Vamos, compañeros, tracemos inmediatamente los límites de nuestra futura ciudad!

Un par de bueyes fueron enganchados a un arado y Rómulo mismo guiaba a las bestias. Fiel a su proyecto, excavó un surco rectilíneo que enmarcaba la colina en un cuadrado perfecto: ése sería el límite de las futuras murallas, una línea infranqueable llamada el *pomerium*.

El Sol estaba a punto de caer por el horizonte cuando Rómulo, sudando, acabó su obra bajo las aclamaciones de su tropa. Remo, quien en compañía de sus compañeros había observado el trabajo en un silencio malhumorado, escogió ese momento para expresar su pésimo estado de ánimo.

—¿Éstas son las murallas? ¡Mira lo fácil que es para mí atravesarlas!

Y de un solo intento, saltó por encima de la estrecha fosa excavada por el arado de su hermano.

—¡Y observa lo fácil que es defenderlas! —gritó Rómulo.

Y tomó una piedra puntiaguda que estaba en la tierra y golpeó con ella a su hermano en la sien. Se escuchó un ruido como de cascarón de huevo que se rompe y, sin un grito, Remo cayó a todo lo largo en el surco. Rómulo, dejando caer su arma improvisada, se arrodilló y colocó su oído sobre el pecho de su hermano, quien yacía tendido e inerte. Remo estaba muerto.

Sin duda, Rómulo no había querido matarlo. Pero lo hecho, hecho estaba. De esta forma, se levantó y, alzando los brazos hacia el cielo, dijo con voz firme:

—¡Esto es lo que le sucederá a quien tome nuestra muralla!

No quedaba más que elevar los muros. Después de enterrar a Remo, los compañeros se dedicaron al trabajo en los días que siguieron. El cerco quedó perfectamente cuadrado y el emplazamiento de la futura ciudad fue bautizada como *Roma quadrata*, que significa: La ciudad cuadrada.

Así nació Roma, de la que se diría más tarde que fue creada por un hombre amamantado por una loba y asesino de su hermano.

II
ERSILIA Y TARPEYA

O EL RAPTO DE LAS SABINAS
(749 A. C.)

—A PARTIR DE HOY, ROMA es próspera. Desde todos lados, atraídos por nuestra fuerza y nuestra riqueza, miles de hombres vienen hacia nosotros. Contamos en nuestras filas con los mejores soldados, los mejores artesanos y los mejores albañiles. Nos extendemos poco a poco sobre las siete colinas que se están cubriendo con magníficos templos y verdaderas casas de piedra. Solamente...

El personaje vestido de color púrpura que hablaba de esta manera delante de sus sacerdotes y sus consejeros –*los óptimos*[1]–, se interrumpió. Era un hombre moreno, esbelto y musculoso, con una bella fisonomía que proyectaba al mismo tiempo nobleza y valor. Su prestancia era grande, a pesar de que sólo tenía veinte años. Era Rómulo, fundador y príncipe de la nueva ciudad.

En ocasión de la celebración del consejo se habían tendido, encima de la terraza principal, mantas del mismo color púrpura que el de la túnica del joven Príncipe, para proteger a los participantes de los intensos rayos del Sol de agosto.

Desde que Rómulo había trazado con el arado los límites de la primera muralla, habían pasado apenas cuatro años. La "ciudad cuadrada" había quintuplicado su superficie mientras que su población se había multiplicado por diez. Rómulo y sus *mejores* habitaban ahora el Capitolio, im-

[1] Los óptimos: los "mejores".

ponente obra en roca situada frente al Palatino, un lugar escarpado, fácil de defender, en donde se había edificado una verdadera fortaleza.

Todo parecía ir muy bien en la gloriosa ciudad pero había un problema...

Después de divisar todas las caras atentas levantadas hacia el trono, Rómulo dijo que Roma estaba vacía de mujeres. —Yo no tengo esposa, ni ustedes. Nuestra ciudad se ha poblado de viajeros, mercenarios, comerciantes y emigrantes, todos hombres de valor, fuertes y valerosos, pero todos ellos han llegado solos. De tal forma que, si queremos que Roma sobreviva y se perpetúe, debemos fundar familias, tener niños que a su vez tengan, en el futuro, más niños. He aquí el objetivo que debemos tener de hoy en adelante. Pero, yo les pregunto: ¿qué debemos hacer?

—Podemos enviar embajadores a los reinos colindantes y pedirles que nos cedan las mujeres que nos hacen falta —opinó un consejero.

Su proposición fue recibida por risas más o menos discretas. Esas risas tenían una razón: independientemente de que Roma fuera joven, fuerte y gloriosa –y sin duda a causa de ello–, esa ciudad no tenía buena reputación. Se sabía que estaba poblada por rudos guerreros no siempre disciplinados, y no se había olvidado que el primer acto de su joven príncipe había sido asesinar a su hermano.

En ese momento, Servio se levantó. Era el más antiguo compañero de Rómulo y el que era más escuchado.

—Yo no veo más que un medio —declaró Servio—. Lo que no nos cederán jamás por la vía diplomática, tomémoslo por la fuerza. Piensen en el reino de nuestros vecinos, los sabinos. Su capital, Alba Longa, tiene la reputación de que sus jóvenes mujeres son muy bellas. ¡Hagámoslas venir aquí y quedémonos con ellas!

—¿Podrías decirnos cómo piensas lograr que vengan esas jovencitas tan bellas?

—gruñó con ironía otro consejero, en medio de la gran algarabía que se levantó.

—Organicemos una gran fiesta e invitemos a los sabinos, insistiendo en el hecho de que queremos honrar a sus hijas —continuó Servio—. ¿No hemos desenterrado recientemente en el valle un viejo altar consagrado al dios Consus, guardián de la cosecha? Esta divinidad antigua es, se dice, de buen consejo. Yo creo que el consejo que acaba de darnos a través de mi humilde boca debe ser seguido.

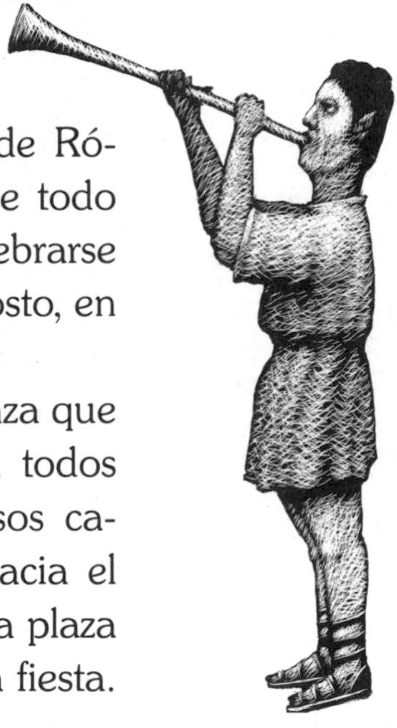

Y así se hizo. Los mensajeros de Rómulo fueron a pregonar a través de todo el reino de los sabinos que iba a celebrarse en Roma una gran fiesta, el 4 de agosto, en honor del dios Consus.

Ese día, olvidando la desconfianza que tenían de los turbulentos romanos, todos los nobles, los patricios y numerosos caballeros sabinos se encaminaron hacia el centro de Roma y se reunieron en la plaza Aventina, donde iba a tener lugar la fiesta.

Se habían construido estrados y alrededor de éstos flotaban al viento banderines y guirnaldas.

Como Servio lo había adivinado, los nobles sabinos llegaron acompañados por sus esposas, pero también por sus hijas. De manera muy disimulada, los romanos las devoraban con los ojos. ¡Efectivamente eran de una gran belleza!

Ahí estaba Cornelia, morena, con ojos verdes y vestida con una túnica verde esmeralda, quien era hija de un rico comerciante de granos llamado Mnemos; estaba también Clelia, una bella rubia de vestido blanco, y la morena Julia, hija del jefe de la guardia de Alba, y también Fulvia, Coralia, Antinea y cientos y cientos de otras bellezas.

También estaba Ersilia, con cabellos color ala de cuervo y con ojos verde aceituna. Era la hija de Tito Tatius, el joven Rey de los sabinos. El viejo soberano Numitor había acabado por extinguirse apaciblemente. Y como su único descendiente, su nieto Rómulo, se había ido a fundar su propia ciudad, dejó el trono a Tatius, que era general de su armada.

Allá lejos, en la tribuna de honor, Rómulo levantó su cetro. Las trompetas sonaron y nubes de palomas se elevaron en el cielo luminoso de agosto. Y así, la fiesta dio comienzo. Había luchadores con el torso brillante por el aceite, acróbatas y lanzadores de jabalina. Pero la prueba que se esperaba con mayor impaciencia era una carrera a caballo en la que los cien mejores jinetes de Roma debían competir entre sí.

En su trono, Rómulo hizo una nueva señal. Los caballos se abalanzaron con impaciencia en un galope furioso, fustigados por sus jinetes quienes eran jóvenes de bella estampa. Ese atractivo aspecto no había sido pasado por alto por las jóvenes sabinas, quienes, en su categoría de bellas espectadoras, prorrumpieron en comentarios de admiración:

—¿Viste a ese rubio de casaca de cuero? ¡Qué prestancia!

—Claro. Pero mira mejor a ese moreno con musculatura marcada como cuerdas. ¡Apuesto que se cree mucho!

Los caballeros estaban a punto de tomar la primera vuelta y después iban a llegar a la línea recta. Los gritos de excitación que salían de la multitud –que en su mayoría estaba formada por mujeres–, se transformaron en alaridos de terror pues los caballeros, que daban la vuelta en perfecta sincronía, se lanzaron hacia los espectadores. Los caballos brincaron las barreras, voltearon los bancos, brincaron sin orden sobre las gradas. Dotados de una loca temeridad, los romanos, como si fueran centauros, jalaron una por una a las ansiadas jóvenes, como si hubieran arrasado con todas las flores de un campo multicolor.

Los padres, los novios y los hermanos estaban desarmados. A pesar de todo, intentaron impedirlo con valentía. ¡Pero todo fue en vano! Fueron derribados por los caballos, empujados a golpe de espadas, pisoteados sin conmiseración.

Rápidamente, las nubes de polvo que se formaron estaban tan espesas que nadie distinguía nada. Entre los espectadores que todavía estaban atónitos, surgían voces:

—Fulvia, hija mía, ¿dónde estás?

—¿Cornelia? ¡Cornelia, querida! Respóndeme, te lo suplico.

Pero nadie respondía. Las jóvenes sabinas, que no paraban de gritar, aventadas sobre la grupa de los caballos o atravesadas en las sillas de éstos, fueron llevadas hasta la cúspide del Capitolio, defendido por los muros sólidos de la fortaleza.

Lo único que restaba era que los soldados de Rómulo rechazaran a los sabinos, con la punta de sus lanzas, fuera de los límites de la ciudad.

El plan había resultado todo un éxito.

Sin embargo, las jóvenes sabinas –con su cara maquillada con gran arte y cubierta de polvo– estaban prisioneras tras los muros del Capitolio.

Al principio habitaron en una vasta mansión común. Después fueron obligadas a compartir la morada de los rudos guerreros que se las habían robado.

Y poco a poco fueron olvidando las lágrimas y las lamentaciones de los primeros días. Roma era grande y bella y sus habitantes eran felices. Y sus novios no eran tan malos tipos. Además... como las mismas sabinas no habían dejado de remarcar durante la carrera, la mayoría de ellos eran muchachos agradables.

Por su parte, los romanos tomaron muy en serio la labor de hacerse perdonar y ser aceptados. Se esforzaban por ser amables y pacientes con sus cautivas, les regalaban ropa y joyas en sustitución de las que habían perdido o roto durante el rapto, instalaron a las mujeres en bellas y bien iluminadas recámaras, pero les tenían prohibido salir de sus nuevas casas.

La primera unión fue la de Rómulo con Ersilia, la hija del Rey de Alba. Ersilia, además de su gran belleza, era una mujer inteligente y prudente. En lugar de revelarse, desde el primer día le dijo al Príncipe:

—Romano, tú y los tuyos nos raptaron y nos alejaron de nuestra patria y de nuestra familia. Estamos en sus manos y pueden hacer con nosotras lo que quieran. Pero, ¿de qué les serviría agredirnos y convertirnos en sus esclavas? ¿No crees que seríamos mejores esposas si somos bien tratadas y elegimos libremente a nuestros futuros maridos?

—¡He aquí quien habla con tanta prudencia! —replicó Rómulo, riendo—. Créeme, tu suerte será la que has descrito. Por lo que a mí respecta, me gustaría mucho que me eligieras como esposo.

Fue así como la hija del rey de Alba se casó con el príncipe de Roma. Enseguida, la morena Cornelia eligió a Talassius, el capitán de la guardia; Clelia, la rubia, eligió a Philippulus, quien era un arquitecto famoso; Julia, a un arquero infalible. En cuanto al fiel Servio, encontró el calzado exacto para su pie en la tímida persona de Syra.

De esta forma, la vida en Roma volvió a tomar un curso normal. Pero otra cosa muy diferente sucedía en Alba Longa. Los senadores, humillados y furiosos, presionaron a Tito Tatius para que reuniera un consejo.

—¡Esto no puede permanecer así! —atacó el senador Livio—. Esos romanos son cada vez más insolentes, más impositivos y numerosos. Y he aquí que se llevaron a nuestras hijas frente a nuestras narices y barbas. Cierto es que respetaron a nuestras fieles esposas. Pero esto no es más que un pequeño consuelo. Es necesario que los pongamos a nuestra merced, que los destruyamos y los desaparezcamos de la faz de la Tierra. Si no, serán ellos los que nos reducirán a la nada.

—Yo estoy agobiado por el rapto de mi hija Ersilia —respondió el rey Tatius—. Pero no debemos olvidar que Roma se ha convertido en una ciudad muy fuerte. Concédanme el tiempo para organizar una armada capaz de destruir sus murallas y de estudiar la mejor estrategia de ataque.

Eso fue realizado en tres meses. La armada de Tatius se puso en movimiento y se reforzó con contingentes llegados de otros pueblos del Lacio que tenían cuentas por arreglar con los romanos. Sin embargo, al llegar bajo los muros del Capitolio, los asaltantes fueron recibidos por una lluvia de flechas y de piedras. Y las *bocinas*[2] no tuvieron más que tocar la retirada.

¿Qué hacer? Tatius esperaba descubrir un medio que le permitiera invadir la fortaleza por un pasaje disimulado. Pero no, no había ningún otro camino más que ése que acababa de descubrir. Decepcionado, estaba a punto de dar marcha atrás cuando de repente, entre la bruma, escuchó un paso ligero. Sin hacer ruido, se escondió con sus hombres detrás de unas rocas. Vio que se acercaba una joven mujer que descendía por el sendero; llevaba un cántaro sobre

[2] Bocinas: trompetas largas de guerra

los hombros. Mientras la mujer llenaba su cántaro en la fuente que estaba situada a medio camino entre las murallas y la planicie, Tatius la observaba con atención. La joven mujer estaba ataviada con ricas joyas –collares, pulseras, anillos. Era evidente que era una presumida. Eso le dio una idea al Rey.

—Te saludo, bella desconocida —dijo, saliendo de su escondite—. ¿Quién eres?

—Me llamo Tarpeya —respondió la joven, con una actitud un poco altanera—. Soy la esposa de Tarpeius, comandante de la fortaleza que ves allá arriba. Vine a recoger agua para mi marido y la guarnición.

—¡Ah, vamos! —murmuró Tatius, sonriendo protegido por su capuchón—. Este encuentro es una verdadera suerte. Somos viajeros apacibles venidos de lejos con el fin de visitar Roma, particularmente el Capitolio, que se dice que está lleno de templos magníficos. Sin embargo, la guerra que parece reinar aquí nos lo impide. Pero veo en tu cintura un pesado conjunto de llaves. ¿Podrías abrirnos la puerta que da acceso a tu ciudad? Créeme, sabré premiártelo. Me doy cuenta de que te gustan las joyas. Yo poseo mantos de pedrerías y adornos preciosos.

—¡Oh! —rió ahogadamente Tarpeya, con los ojos brillantes—. Entonces, eso será posible.

Sin parecer estar amedrentada por la presencia de esos desconocidos que habían surgido de entre la bruma, la inocente Tarpeya los examinó, antes de murmurar con una pequeña sonrisa:

—Me contentaría con lo que tú y tus compañeros llevan en el brazo izquierdo.

La joven, con un simple movimiento de su mentón, señaló la magnífica pulsera con blasones de oro macizo que cada soldado de Alba Longa tenía por costumbre llevar alrededor del brazo.

—Así será —dijo Tatius, inclinando la cabeza—. Espero verte mañana por la mañana, a esta misma hora.

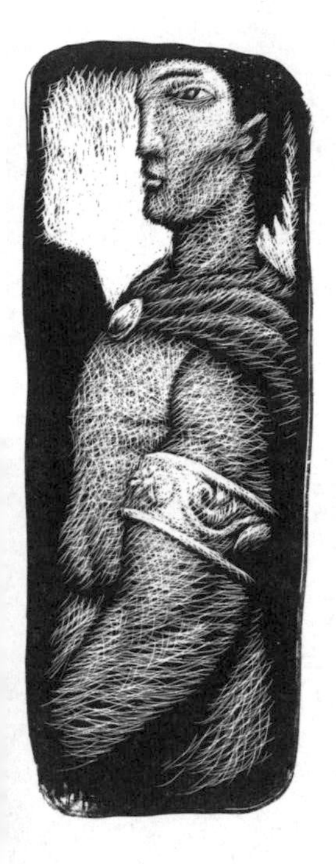

—Hasta mañana, entonces —dijo riendo con ganas la presumida Tarpeya, levantando el cántaro lleno de agua sobre sus hombros antes de volver a tomar el camino hacia la fortaleza.

A la mañana siguiente, cuando las brumas de noviembre aún no habían abandonado los flancos de la colina, Tatius emprendió el ascenso del pequeño camino que serpenteaba en medio de las rocas. Sus soldados lo seguían uno detrás de otro, sin hacer el menor ruido. Allá arriba, en la fortaleza, todo parecía dormir todavía. Excepto Tarpeya, que esperaba delante de la puerta abierta.

—Has cumplido tu palabra —dijo el Rey—. Ahora a mí me corresponde mantener la mía.

Esa mañana, los soldados estaban armados para la guerra y no llevaban en su brazo izquierdo más que una pulsera y también un escudo pesado, ovalado, reforzado con bronce. Y fue el escudo lo que

Tito Tatius aventó primero a la cara de la joven mujer.

De la boca de Tarpeya salió una "O" de sorpresa y de dolor; después, se desplomó, con las manos en la frente. Enseguida, un segundo sabino hizo caer su escudo sobre el cuerpo que se estremecía. Y un tercero, y un cuarto... Después de una veintena de escudos amontonados, la infeliz ya no estaba visible.

—Así perece quien traiciona a su patria —dijo sobriamente Tatius.

Ésa fue la única oración fúnebre para Tarpeya.

Después, franqueando la pila de escudos, los sabinos empezaron a infiltrarse en el Capitolio por la puerta abierta. Una decena de guerreros ya habían pasado cuando un fuerte grito surgió por encima de sus cabezas.

—¡A las armas! ¡A la guardia! ¡Nos atacan!

Cuando gritó el romano que había vislumbrado a los invasores, se vino abajo, pues una flecha atravesó su garganta.

Pero la guarnición del Capitolio estaba ya alerta. Tarpeius saltó de su cama, con el torso desnudo y la espada al puño. Pero se derrumbó, rodeado por todas partes y perforado por veinte golpes. Rápidamente, el desorden se extendió. Rómulo, que dormía en su palacio alejado del asalto, fue brutalmente despertado por Servio, quien gritó:

—¡Los sabinos están adentro!

Rómulo se colocó rápidamente su armadura y se lanzó a la batalla. Pronto, la plaza central del Capitolio resonaba con el chocar de las armas y los gemidos de los heridos y de los moribundos. En los primeros minutos, los sabinos, que se habían beneficiado con el efecto sorpresa, tuvieron la ventaja. Después, el resultado del combate se tornó incierto.

En medio de la plaza, el azar del enfrentamiento colocó frente a frente a Rómulo y a Tito Tatius; el primero, armado a la romana, con una coraza ligera, un enorme escudo rectangular y un venablo; el segundo estaba equipado de manera más pesada, con un casco y una coraza de bronce, perneras y una espada.

—¡A mí, Rómulo! —gritó el sabino.

—¡A mí, rey de los sabinos! —gritaba el joven príncipe.

Los dos adversarios iban a lanzarse uno sobre otro cuando una forma flexible se deslizó entre ellos, armada de su solo pecho desnudo y sus brazos levantados.

—¡Detente, padre mío! ¡Detente, esposo!

Al unísono, Rómulo y Tatius apenas dijeron:

—Ersilia...

¡La mujer de uno, la hija del otro! Despierta por el ruido de la batalla, se había lanzado en medio de los guerreros. Ella, y todas las demás sabinas –Cornelia, Clelia, Fulvia, Syra– se lanzaron igualmente entre un marido y un padre o un hermano, ofreciendo su tierna piel al acero de las espadas y de las lanzas.

En poco tiempo, la furia de las armas se tranquilizó. Con los brazos separados y las manos sobre el pecho acorazado de Rómulo y de Tito Tatius, Ersilia exclamó:

—¿Por qué esta guerra sin sentido? ¿Quieren morir y hacernos morir a nosotras de tristeza? Nosotras, hijas de Alba, amamos tiernamente a nuestros padres y hermanos pero también amamos a nuestros maridos. Por lo mismo, deben reconciliarse. Dejen sus armas, dense un abrazo. ¡Y que gracias a nosotras ya no haya más dos pueblos y dos ciudades, sino una sola!

En medio del gran silencio que siguió a estas palabras, sólo se escuchaba el choque metálico de las espadas y de los escudos que caían al suelo.

—Ya que ésta es la voluntad de mi hija —dijo Tatius—, declaremos la paz.

—Estableceremos la paz por la voluntad de mi mujer —asintió Rómulo—. Para agradecerte, Ersilia, pídenos lo que te parezca bien, y te será dado a ti y a todas tus hermanas de Alba.

—Te pido lo siguiente —dijo Ersilia con voz firme—: que en nuestras moradas no tengamos otra tarea que hilar la lana. No haremos cualquier otro trabajo si no lo deseamos, y nadie nos forzará a hacerlo. Somos buenas esposas, pero no esposas sumisas. A partir de ahora, y así será también con las sabinas, nosotras seremos las únicas responsables de nuestros hogares.

—Que así sea —concluyó Rómulo.

A partir de ese día en que se estableció la paz, las romanas se convirtieron en amas de su casa. Y los maridos respetaron esa autonomía ganada justamente.

Roma cuadrada, la ciudad cuadrada, fue bautizada como *Germinata Urbs*, la ciudad doble. Cada año, en el mes de agosto, se sigue festejando al dios Consus, el dios del "buen consejo". Esas fiestas se denominaron las *Consiliae*.

El acantilado en el que la desgraciada Tarpeya murió aplastada por los escudos se llamó la roca Tarpeyana. Después de ello y durante siglos, los romanos tomaron la costumbre de arrojar a algunos de sus enemigos prisioneros desde lo alto de ese acantilado.

III
REENCUENTRO DE UN TUERTO CON UN MANCO

Roma contra los etruscos
(509 a. C.)

—¿No serás acaso Mucio, ése a quien llaman Mucio Scaevola?

—Y tú, ¿no serás el famoso Horacio, a quien llaman Horacio Cocles?

—¡Claro que soy Horacio Cocles! —respondió, moviendo la cabeza, el hombre que había hablado en primer lugar.

—Yo soy efectivamente Mucio Scaevola —asintió el segundo, levantando el brazo derecho.

Se trataba de un hombre aún joven, de rasgos voluntariosos y cabello rubio dorado. Su brazo, que había mantenido disimulado bajo un pliegue de su toga, tenía una particularidad: había sido mutilado exactamente al nivel de la muñeca.

El segundo de ellos era un poco mayor; tenía los rasgos profundamente marcados y la parte baja de su cara estaba cubierta con una barba tupida en la que despuntaban cabellos blancos. Él también tenía una particularidad física que se notaba a primera vista: era tuerto del ojo izquierdo.

Este reencuentro había tenido lugar en pleno Foro, ante el templo de Saturno.

El primero fue construido en ese gran espacio rectangular pavimentado con guijarros, donde los romanos acostumbraban pasear y donde algunos días se instalaba el mercado más grande de la recién construida capital. A pesar de que el invierno estaba cerca, el viento aún era suave.

Desde que Roma y Alba Longa se habían constituido como una misma ciudad, la pujanza y el poder de ese Estado joven no había dejado de afirmarse y de crecer. Alba cayó en el olvido; sólo se hablaba de Roma la que, en su continua expansión, había integrado en ella a otros pequeños reinos hasta que tropezó en su frontera norte con un enemigo poderoso: los etruscos.[3]

El tuerto estrechó el brazo izquierdo del manco con un apretón amistoso y murmuró:

—Estoy feliz por haber encontrado al fin a uno de esos héroes gracias a los cuales, aunque suene a una frase hecha, *¡Roma está todavía en Roma!*

El manco sonrió modestamente.

—Si Roma está todavía en Roma, si nuestra capital no ha caído en manos enemigas, es también porque tú has estado ahí, Horacio. ¡Estoy muy contento de haberte conocido! Los dos somos romanos, hemos

[3] Los etruscos: pueblo cuyo reino ocupaba toda la parte norte de lo que hoy es Italia (de Boloña a Capua), y su origen se remonta a los colonos griegos.

vivido los mismos acontecimientos pero jamás nos hemos encontrado en el campo de batalla. Y como el azar nos coloca frente a frente, ¿te gustaría contarme la hazaña a la que debes tu celebridad?

—¡Con gusto! —respondió Horacio, después de un instante de vacilación—. Pero con una condición: que tú me cuentes enseguida lo que sucedió realmente en el campo de Porsena.

Mucio hizo una señal de asentimiento; su compañero lo guió hacia los escalones del templo y los dos se sentaron a las orillas de la plaza, como muchos otros romanos que aprovechaban la agradable temperatura del mediodía para salir de sus casas.

—Veamos —comenzó Horacio revolviendo su barba—. Fue hace seis meses. Nosotros, ciudadanos de Roma, habíamos detenido a Tarquin, conocido como "El Magnífico", ese rey etrusco –¡que los dioses lo maldigan!– que había ocupado el trono de nuestra ciudad. Tarquin, que estaba decidido a reconquistar su lugar, estableció una alianza con Porsena, etrusco como él, y rey de Clusium. Pero seguramente tú sabes todo esto.

—Ciertamente. Porsena reunió una armada mucho más fuerte que la nuestra y se dirigió hacia Roma. De esta forma, los endiablados etruscos llegaron hasta nuestras murallas.

Horacio hizo un gesto; su ojo tuerto, que había sufrido una cuchillada terrible, se frunció.

—¡Exacto! ¡Ah! Lo puedo ver todavía como si hubiera sucedido ayer, con sus carros de guerra con ruedas de puntas falsas y con sus soldados de infantería protegidos por una pesada coraza de bronce y escudos altos, y sus arqueros con casco puntiagudo. Y en medio, parado sobre el carro y más ricamente ataviado, el mismo Porsena, con su armadura dorada y su capa color púrpura. Claro que tenían un aspecto imponente. Sin embargo, los esperamos con pie firme. Pero tú no estabas allí, ¿verdad?

—Lo siento —suspiró Mucio—. Debido a mi falta de experiencia, mis jefes prefirieron que permaneciera cuidando en la parte de adentro de los muros.

—Ya veo. Debo precisar que la legión a la que pertenecía estaba comandada por el jefe Lucrecio –un poderoso general–, pero sin un gran sentido táctico. Lucrecio nos hizo atravesar el Tíber y nos llevó frente al enemigo. En el momento en que esos bandoleros intentaron ir a la carga, nosotros no pudimos dar un paso. Por ello, esos malditos etruscos parecían invencibles, y vi a más de uno de mis compañeros temblar cuando entonaban a una sola voz su canto de guerra: *¡Gloria al país de Etruria, donde crecen héroes y flores!*

"Haciendo honor a la verdad, debo reconocer que nuestras filas quedaron dislocadas desde el primer ataque de sus carros. ¡Fue un desastre! Sobre todo porque ya habíamos sido severamente atacados por sus flechas, que atravesaban sin mayor problema nuestros escudos de madera y nuestros cascos de cuero. En el momento en que Lucrecio cayó, ocurrió la desbandada.

"¡Ah, cómo corrían nuestros valientes soldados...! ¡Pero con el enemigo a nuestra espalda! Te lo digo, estábamos en la orilla errónea del río Tíber. Como bien sabes, solamente el puente Sublicio permite el acceso a la ciudadela de Roma. Por ello, sólo los que lograran pasar antes podrían vulnerar de manera más rápida la protección de las murallas. Fue un espectáculo muy triste.

—Y fue entonces cuando interviniste —interrumpió el manco.

—Así es. Como tú señalaste, el puente es muy estrecho. Reflexioné que solamente podría soportar a algunos hombres. Llamé cerca de mí a dos compañeros fuertes y fieles: Spurio Marco y Tito Heminius. Nos plantamos en medio del puente y ordené a los soldados que lo cortaran detrás de nosotros a base de hierro, de fuego –con todos los medios posibles–, mientras nosotros conteníamos a nuestros adversarios.

"En ese momento, los etruscos llegaron con sus enormes espadas y su cara cubierta con una visera de metal negro pero no podían pasar más que de uno en uno. Derribé al primero, Marco derribó al segundo y Herminius al tercero. Después, y te ruego que lo creas, ¡ya no contábamos más! Cuando escuché que el puente se rompía detrás de mí, sentí los travesaños moverse bajo mis pies y ordené a mis dos compañeros que se retiraran. Antes de retirarme y quizá debido al orgullo, quería derribar a uno o dos etruscos más.

"Y fue lo que hice, mientras el puente empezaba a derrumbarse. Desafortunadamente, fue en ese momento cuando, aprovechando que yo estaba atravesando el vientre de un soldado de infantería, un mercenario umbro[4] que estaba armado más ligeramente, logró deslizarse contra el

[4] Umbría era uno de los múltiples y pequeños reinos establecidos en las fronteras de Roma, aliado de Etruria.

parapeto para darme en la cara ese golpe que... he..."

—¡Ese golpe que te dejó tuerto y que te valió el sobrenombre de Cocles![5]

—Así fue exactamente —suspiró Horacio—. Pero, cuando se trata de la patria, ¿hay que apesadumbrarse por la pérdida de un ojo? Los dioses nos dieron dos, ¿no es cierto? En todo caso, el puente estaba a punto de derrumbarse pero Roma estaba a salvo. A pesar de la sangre que me impedía ver, gritando, salté hacia el río.

Mucio interrumpió a su compañero para recitar:

—*El Tíber, nuestro padre, es a ti, santo dios, a quien te rezo. Recibe estas armas y a este soldado con gracia en tu corriente.*[6] Estas palabras están grabadas, a partir de ese día, en la memoria de todos los romanos.

[5] *Cocles*: el tuerto, en latín.

[6] De Tito Livio, *Historia romana*.

—Sin duda, sin duda —murmuró Horacio Cocles, a quien no le gustaban los cumplidos—. Lo importante es que, no obstante el peso de mi armadura, pude atravesar el río y llegar hasta la guarnición detrás de los muros de la ciudadela. Pero ya hablé bastante de mí. Ahora tengo ganas de escuchar el relato de mi joven amigo Mucio.

—Mi relato es menos glorioso que el tuyo. Estoy temeroso por ello —bromeó el joven—. Pero, ya que insistes.

"Como tú sabes, Horacio, después de la batalla que te dio fama, los etruscos decidieron sitiarnos. Estábamos seguros al cobijo de nuestras murallas, pero la hambruna amenazaba. Y cuando Tarquino y Porsena enviaron a sus emisarios para pedirnos la rendición, tú bien conoces la respuesta que le enviaron nuestros senadores.

—*¡Más vale morir de hambre que de vergüenza!*

—Exactamente. Bellas y certeras palabras, pero no impedían el sufrimiento de nuestro pueblo. Fue entonces cuando decidí intentarlo. Hasta ese momento, a causa de mi falta de experiencia y de mi juventud, no había participado en ninguna batalla. Y resentía esta vergüenza que los senadores me impusieron. No había hecho nada en favor de Roma y ya era tiempo de intentarlo. Por ello, maduré mi plan y...

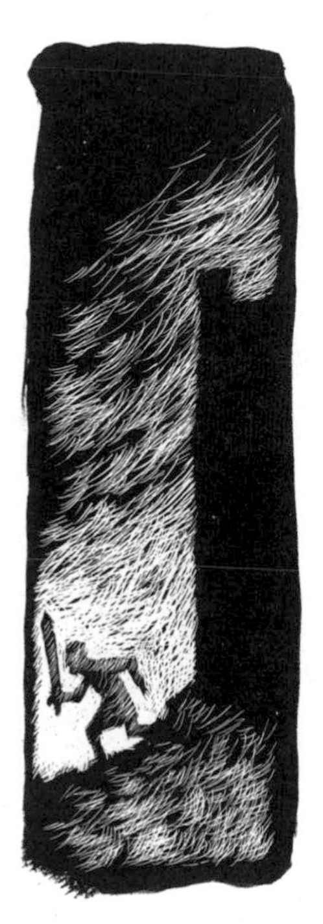

—¡De acuerdo con lo que creo saber, era un plan loco, amigo mío!

—Ésos son los que, en ocasiones, tienen más éxito que cualquier otro. Entonces, en una noche sin Luna, me deslicé fuera de la ciudadela y, al igual que tú, atravesé el Tíber nadando. ¡Pero en sentido inverso y sin armadura! Cuando llegué a la orilla, le quité a un etrusco muerto su coraza y su túnica, y me las puse.

El manco dejó de hablar un instante para que Horacio se tranquilizara, ya que se había agitado por una risa estruendosa.

—Me doy cuenta de que te divierto —murmuró el manco, sonriendo levemente. Pero espera a que escuches lo que sigue.

Disfrazado de esa forma, me introduje en el campo de Porsena, en donde nadie reparó en mí. Llegué cerca de la tienda del general, la cual reconocí por sus banderines. Me di cuenta de que había una fila larga de soldados que esperaban. Por azar o por buena suerte, llegué en el momento en que Porsena pagaba el sueldo a sus mercenarios.

"Tomé un lugar en el extremo de la fila y esperé mi turno. En la entrada había dos hombres vestidos de lino blanco. ¿Quién de ellos era Porsena? Dudé, y fue entonces cuando cometí el mayor error de mi vida de soldado. Pensé que Porsena no podía ser sino el hombre que entregaba el sueldo a la tropa. De esa forma, cuando llegué delante de él, desenvainé mi espada y la hundí en su pecho.

"Fui detenido de inmediato, lo que no impidió que gritara: "¡Soy Mucio Cordus! ¡Recuérdenlo bien, porque soy el romano que acaba de derribar a Porsena!". Entonces, el segundo hombre de blanco rió burlonamente y dijo:

—¡Claro! Y bien, tengo el honor de decirte que Porsena soy yo. El hombre que has matado cobardemente es Tinach, mi escriba. ¡Por este crimen vas a sufrir las torturas más crueles!

"En ese momento, te lo puedo jurar, amigo Horacio, la decepción casi me hizo perder toda valentía. Pero me restablecí rápidamente y, animado por una súbita inspiración, le dije:

—¡Haz lo que tengas que hacer! Pero, sábelo, Porsena, que hay en Roma 300 jóvenes con el mismo temperamento que yo, quienes, uno a uno, tratarán de matarte, hasta que uno de ellos lo logre. Por lo que a mí respecta, las torturas no me dan miedo. ¡Es más, te voy a probar que el cuerpo tiene poca importancia para quien desea la gloria eterna! Puedo soltarme y...

Mucio se quitó rápidamente su toga y mostró su brazo derecho, al que le faltaba la mano, alzó los hombros, sonrió de manera bravucona y continuó diciendo:

—En la confusión, con la mano izquierda le quité a un guardia su espada y me corté la mano derecha. Inmediatamente, y a pesar del dolor, coloqué mi muñón sangrante encima de un brasero encendido, que esperaba los sacrificios rituales. Las llamas cauterizaron la herida. Es todo.

—¡Es todo! —murmuró Horacio Cocles—. ¿Y pretendes que tu gloria no es nada al lado de la mía? ¡Vale por cien! ¡Mil veces!

—Vamos, amigo, ¿la patria no vale la pérdida de una mano? Los dioses nos dieron dos, ¿no es cierto? Además, lo intenté empujado por algo irracional, sin pensar en las consecuencias de mis actos. Si tuviera que volverlo a hacer, es probable que lo reflexionara dos veces. Ya te lo dije, en ese entonces era un joven sin experiencia y no tenía bien plantada la cabeza sobre mis hombros. Sin embargo, reconozco que Porsena quedó tan impresionado por mi sacrificio, que me dejó libre después de que sus médicos me curaron.

—Y fue así como heredaste el sobrenombre de Scaevola[7] —sonrió Horacio Cocles—. En cuanto a Porsena, acabó por levantar el sitio.

—Cierto, pero la campaña empezó a volverse muy larga y sin resultados previsibles. Entonces, nuestro adversario prefirió negociar con Roma y retirarse sin daños.

—Claro. Por lo menos dijo de nosotros: "Este pueblo ha sufrido muchos reveses, pero jamás se ha declarado vencido. Lleva en él el presagio de un gran destino. ¿Por qué combatirlo?". Y mantuvo su palabra. Roma es libre y recuperó su soberanía, los etruscos se convirtieron en nuestros aliados. En cuanto al tirano Tarquino, comprendió que jamás llegaría al trono y huyó a Grecia.

Mucio dejó pasar un momento de silencio y, después, lanzó con un tono indiferente:

—Un tuerto, un manco... Hacemos una buena pareja de héroes, ¿no crees?

[7] *Scaevola*: el zurdo, en latín.

—¿Y ahora? —concluyó Horacio—. Es debido a nuestra pérdida que el pueblo de Roma recordará nuestros nombres a través de innumerables generaciones.

Y, en efecto, así fue.

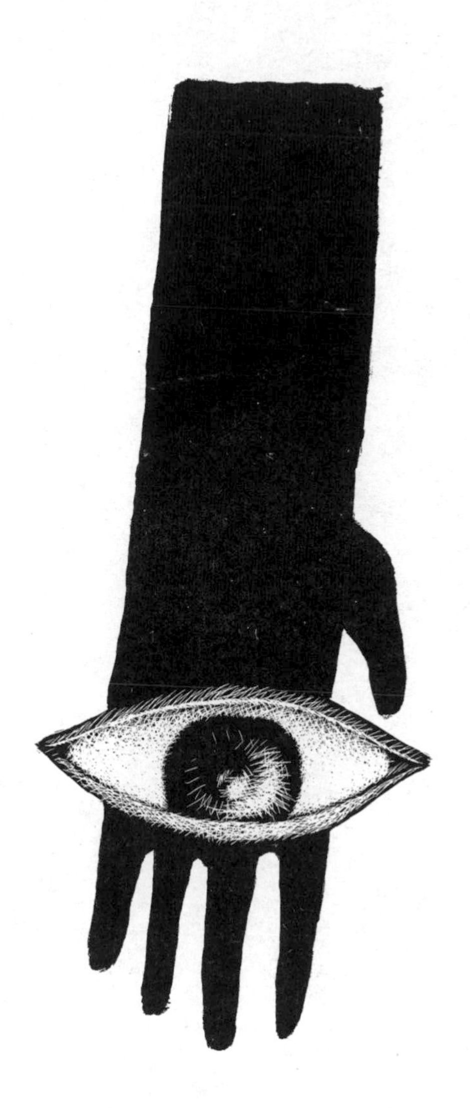

IV
¡DESGRACIA A LOS VENCIDOS!

ROMA Y LOS GALOS
(390 A. C.)

—¡Mira, ahí están!

—¡Por Júpiter, jamás hubiera creído que serían tan numerosos!

—¡Son horribles! ¿Por qué dan esos gritos?

—¡Para infundirnos miedo, por Júpiter!

—Pues bien, lo lograron; tengo la piel de gallina.

—¡Hay razón para ello! Nos van a masacrar.

¿De qué hablaban cientos y cientos de ciudadanos reunidos en ese caluroso mediodía junto a las murallas de Roma? De esos salvajes jinetes que salieron del bosque de pinos, rodearon la planicie y estaban a punto de avanzar en dirección al Tíber. Eran guerreros de alta estatura y la mayoría de ellos llevaba el torso desnudo y brillante por el sudor. Sus cabellos eran rubios, trenzados, y caían sobre la espalda o sobre las sienes. Todos llevaban puestos cascos de bronce, puntiagudos y adornados con cuernos de ciervos. Muchos portaban collares o pulseras de oro que brillaban con los rayos del Sol.

Algunos esgrimían insignias de hierro forjado que representaban a los animales que frecuentaban las sombras boscosas de su país: lobos, osos, jabalíes. Todos iban armados con largas espadas, con hachas de doble filo y largas picas. ¿Cómo se llamaban esos temibles invasores? Los galos, pueblo celta proveniente del corazón de Europa y que muchos siglos antes había comenzado a expandirse hacia el Oeste y hacia el Sur.

Estos galos estaban divididos en varias naciones de nombre extraño: boyos, cenomanos, insubres. Pero los más belicosos eran los senones, que habían atravesado los Alpes para saquear la mayor parte de las ciudades etruscas.

Y ahora, ¡estaban llegando a Roma!

—¡Vamos, somos romanos! —gritó la voz temblorosa de un hombre viejo de cabellos blancos—. ¡Tengamos confianza en nuestros dioses!

—¿Nuestros dioses? —preguntó un joven noble—. Prefiero pensar en nuestra armada.

—¡Ah, sí! —masculló un robusto artesano—. ¡Hablemos de nuestra armada! El Senado nombró a Quinto Fabio como jefe de nuestras legiones. ¿Y qué hizo? Se limitó a parlamentar con nuestros enemigos.

—Sí, con su jefe, ese famoso Breno —dijo con tono amargo una mujer elegante cuya cara estaba parcialmente cubierta con los pliegues de su toga—. Cuando Fabio le dijo que Roma tenía el derecho, ¿sabes qué le respondió Breno?: "El derecho lo llevo en la punta de mi espada". Entonces, Fabio patéticamente emprendió la retirada.

—¡Ah!, si Camilo estuviera entre nosotros —suspiró una mujer de mayor edad.

—¡Calle, calle usted! —murmuró con nerviosismo el hombre de cabellos blancos.

En ese momento se empezaron a oír pasos bruscos por el camino de ronda. Los observadores se apartaron para dejar pasar a una media docena de oficiales revestidos con coraza de combate de bronce dorado, que llevaban un pesado casco. A la cabeza marchaba un hombre delgado, de talla pequeña y faz severa.

—¡Fabio, es Fabio! —murmuraron muchas voces reprimidas.

El cónsul parecía no haber escuchado las palabras poco amables pronunciadas ante su encuentro. Impasibles, él y sus oficiales fueron a inclinarse a las murallas.

Una espesa nube de polvo gris, que fue levantada por los cascos de los caballos, ensuciaba la planicie pero parecía que los galos habían dejado de avanzar e incluso que sus gritos habían cesado. Quizá estaban intrigados al ver esas corazas brillantes que habían aparecido en la parte alta de las murallas.

—¡Vaya! —dijo en ese instante Fabio—; a partir de mañana reuniré a mis legiones para combatir a los galos. Los dioses serán testigos de que esos bárbaros desaparecerán tan pronto como llegaron.

Después, el cónsul y sus oficiales se apartaron de las murallas y, con paso marcial, dejaron el camino de ronda.

—¡Así se habla! —dijo el joven noble.

Por desgracia, esas palabras llenas de coraje y solemnidad no tendrían un resultado brillante, sino todo lo contrario.

En su prisa por probar que era un jefe digno de la confianza de Roma, Quinto Fabio acumulaba errores.

La costumbre decía que, antes de salir a combate, se ofreciera a los dioses en sacrificio un borrego blanco. Quinto ignoraba esta costumbre y desde la mañana salió del recinto de la ciudad y se fue con sus tropas, con el redoble de tambores y el sonido estruendoso de las trompetas.

Los galos no se veían, pues ya se habían retirado durante la noche a buena distancia de Roma. Fabio cruzó el Tíber e hizo avanzar a sus legiones a marchas forzadas en dirección del río Allia, atrás de donde sus espías le habían dicho que los invasores habían establecido su campamento.

La prudencia habría aconsejado que el cónsul consolidara sus posiciones haciendo cavar las fosas y elevar las vallas, o que, por lo menos, juntara sus legiones en tortugas.[8]

Pero, seguro de su fuerza, se contentó con desfilar a lo largo del río y, cuando la

[8] Tortuga: famosa táctica de guerra de legionarios que consistía en agruparse en cuadrados, protegiendo los flancos y la cabeza por una muralla de escudos.

caballería gala surgió de repente del bosque vecino lanzando espantosos gritos que helaban la sangre, él no tuvo tiempo de intentar ni la menor maniobra.

A la cabeza de sus tropas iba Breno, de pie en su carro de guerra, jalado por un par de caballos negros como el ébano. Era el más grande y fuerte de todos los guerreros. Sus trenzas y sus largos bigotes rubios volaban al viento. No había intentado proteger su torso poderoso por una coraza. Con las dos manos manejaba su pesada espada de bronce a la que los galos le tenían tanto cariño.

Y fue él quien le dio el golpe fatal a Fabio.

Los romanos, agobiados por el número de enemigos y desorientados por la violencia del asalto, comenzaron a combatir con fiereza. Sin embargo, cuando los hombres cercanos al cónsul vieron a su jefe apearse de los estribos, se produjo la desbandada.

—¡Fabio está muerto! ¡Fabio está muerto!

La nueva corrió con la rapidez del rayo a través de las filas. Los legionarios que aún estaban con vida abandonaron el combate y huyeron en desorden, bajo la mirada burlona de los galos que ya ni siquiera intentaban perseguirlos. Algunos encontraron refugio en pequeñas ciudades vecinas y otros centenares intentaron volver a Roma cuando cayó el día.

Mientras la noche se extendía sobre la planicie, los romanos, reunidos con temor en las murallas, pudieron observar innumerables fuegos encenderse detrás de la curva del río Tíber. ¿Qué intentaban esos brutos sanguinarios que habían hecho de Quinto Favio y de sus legiones un bocado?

—¡Ah! Si Camilo estuviera entre nosotros… —suspiró un rico comerciante.

Alrededor de él hubo muchos que movieron la cabeza con una gravedad agobiante.

¿Quién era ese Camilo cuyo nombre, desde la llegada de los galos, no cesaba de pasar de boca en boca?

El senador Camilo era un noble romano, perteneciente a una familia muy rica, que quince años antes había sido nombrado jefe de los ejércitos de Roma. En esa época, los principales enemigos de la ciudad eran los etruscos, esos temibles vecinos del Norte que ya eran poderosos cuando Roma no era más que un pueblo de madera y adobe.

¡Había que desembarazarse de una vez por todas! Camilo lo consiguió, al final de una guerra de once años terminada por la toma de Véies, capital de Etruria. En esa ocasión, los romanos mostraron una gran ingratitud. Por cierto, cubrieron a Camilo de honores, pero después de ello lo expulsaron de la ciudad, pues pensaban que el general podría llegar, debido a su gusto por el poder, a establecer una dictadura.

Como buen jugador, Camilo se retiró con sus tropas a Ardée, a cientos de kilómetros al sur de Roma. Sabía bien que su hora llegaría.

Los galos estaban esperando casi al pie de las murallas. Durante muchos días se limitaron a festejar asando uros y jabalíes, bebiendo y cantando sus terribles canciones.

La mayoría de los romanos, aterrorizados, prefirieron abandonar su bella ciudad. Aprovechando las primeras noches, mientras los galos estaban demasiado borrachos para darse cuenta de lo que sucedía, mujeres, niños y viejos, sacerdotes y vestales se escurrieron fuera de la ciudad y se escondieron en los bosques que coronaban los montes albanos.

Y Roma, por primera vez desde su fundación, quedó casi vacía. Sólo permanecían unos centenares de soldados que habían sobrevivido el desastre de Allia encerrándose en la fortaleza del Capitolio, y los ochenta senadores quienes, mortificados, habían decidido esperar a los invasores deseando redimir con su muerte la salud de la ciudad.

De esta manera, estaban todos juntos en la curia, que era un edificio situado al lado del Foro, donde el Senado realizaba sus audiencias. Y esperaban.

Fue hasta la mañana del cuarto día cuando los galos se diseminaron por las calles de Roma.

Si Breno dudó fue porque esta ciudad aparentemente desierta, con sus murallas vacías y con sus grandes puertas abiertas, lo inquietaba. Los romanos tenían la reputación de ser un pueblo valiente. ¿No habrá una trampa temible que esconda tropas en su contra, allá detrás de los altos muros grises?

Algunos espías, que fueron enviados previamente, le dieron seguridad a Breno: la ciudad parecía bella y desierta. Fue entonces cuando el jefe de los senones dio la señal. En el silencio, el martilleo furtivo de zapatos de piel curtida y el choque de los cascos resonaban sobre el pavimento. Los galos retenían el aliento. Estaban muy impresionados por esas bellas casas de piedra blanca y aquellos templos con columnatas.

A la cabeza de la horda, Breno manejaba su caballo blanco. Para esa ocasión se había vestido con una coraza con escamas de cuero realzada en oro. Sus lugartenientes lo escucharon mascullar:

—¿A dónde se fueron los soldados romanos? ¡Esperaba librar una batalla decisiva y no encuentro delante de mí sino una ciudad más vacía que la copa de vino que acabo de beber!

Los galos, enardecidos, comenzaron a hacer lo que era su costumbre: entrar en las casas y robar. Se llevaron la sorpresa de su vida después de su llegada al Foro, cuando penetraron en la curia.

Sobre las gradas de mármol, vestidos con su toga blanca con ribetes color púrpura, sosteniendo cada uno su bastón de marfil, estaban sentados ochenta ancianos, rigurosamente inmóviles.

¿Serían seres de carne y sangre, o estatuas?

Para asegurarse, uno de los hombres de Breno jaló la larga barba gris de la “estatua” más cercana. De repente, ésta tomó vida y le asestó un golpe con su bastón. Esta estatua viviente era el senador Marco Papiro.

El guerrero, furioso, decapitó al noble Papiro con un solo revés de su larga espada. Ésa fue la señal de la masacre. En pocos minutos, la sangre de los ochenta senadores formó un lago rojo sobre el piso de la curia.

Los galos se instalaron. Llegó el otoño y luego el invierno, que se anunciaba particularmente extremo. Por ello, desdeñando las casas que habían saqueado e incendiado, los invasores continuaron acampando afuera de la ciudad, devastando el campo de los alrededores para buscar alimento.

La población romana, que en los primeros días se había refugiado en los montes albanos, había encontrado refugio en las ciudades todavía protegidas.

Quedaba el Capitolio.

Erguido en pleno centro de Roma sobre un monte rocoso, siempre resistía, a

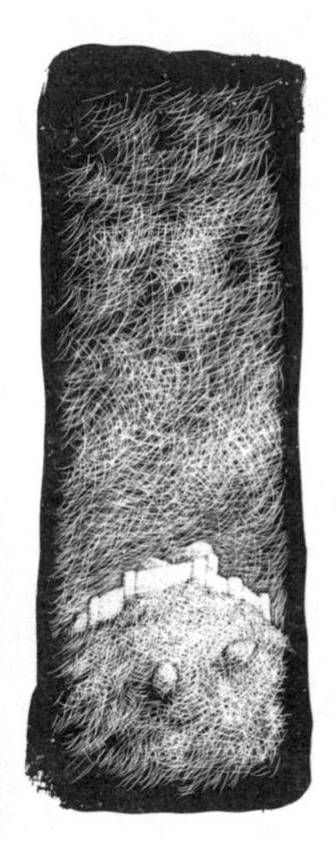

pesar de que su guarnición no era suficiente para intentar un contraataque. Por otra parte, los víveres escaseaban por completo y los soldados romanos fueron obligados a comer el cuero de sus sandalias, y hasta la mínima hierba que crecía a la orilla de las paredes.

Los galos, al darse cuenta demasiado tarde de que esa fortaleza natural estaba ocupada, lanzaban regularmente ataques contra ella, y de igual modo eran rechazados hasta que, una noche sin Luna, cuando esa pequeña guarnición de hombres esqueléticos y agotados dormía sobre la paja del cuartel, algunos galos intrépidos emprendieron la escalada de las rocas de esta insolente plaza fuerte.

Y casi esa misma noche, Roma perdía su último bastión. Pero fue entonces cuando se produjo un verdadero milagro.

En la cima del Capitolio se elevaban dos templos: el de Júpiter, padre de los dioses, y otro más modesto: el de Juno, diosa de la fertilidad y de las cosechas.

De acuerdo con la tradición, los gansos sagrados retozaban libremente en el patio del templo. Esos gansos aumentaban la codicia de los estómagos vacíos pero, hasta entonces, los guardias del templo los habían salvado. Sin embargo, al escuchar las piedras correr bajo los pies de los galos, los gansos comenzaron a graznar, a piar y a armar un alboroto de todos los diablos. Ese alboroto despertó a Manlio, un joven servidor del templo quien, más que ningún otro, había luchado para salvar a las aves del cuchillo de los hambrientos.

El valiente Manlio, con su espada en la mano, corrió hacia la muralla justo a tiempo para advertir la silueta de un enemigo que apareció entre dos almenas. Manlio lo atravesó con su espada y éste, al caer, arrastró al primer grupo de guerreros que escalaba, fuertemente armado.

El alboroto sacó del sueño a los soldados, quienes pudieron hacer retroceder a los asaltantes con una lluvia de flechas.

El Capitolio se había salvado una vez más. Y Manlio, por su acto de valentía, recibió el sobrenombre de Capitolino.

Pasaban y pasaban los meses. Pasó el invierno y luego llegó la primavera con su verdor.

Los galos permanecían allí, decididos a tomar por asalto esa pequeña fortaleza y vencer a ese puñado de obstinados que les ofrecía resistencia contra todo.

—¡Ah, si Camilo estuviera allí!

—Paciencia, paciencia, ya vendrá.

—Quizá, pero cuando estemos todos muertos.

Ése era el tipo de conversación que se escuchaba detrás de las murallas del Capitolio. ¡Camilo, siempre Camilo!

Es importante precisar que el tribuno Sulpicio, jefe de los sitiados, había enviado a muchos voluntarios encargados de contactar al ilustre exiliado para hacerle la siguiente proposición: que levantara una armada y viniera a salvar a Roma y, si aceptaba, obtendría lo que en otro momento le había sido negado: sería nombrado dictador.[9]

¿Acaso esos hombres habían logrado pasar las líneas galas? ¿Los habría capturado y asesinado? Nadie sabía nada. Y la espera se hacía eterna.

Entonces, con rabia en el corazón y llegando a sus límites, Sulpicio se decidió a proponerle personalmente a Breno un acuerdo: pagar, a precio de oro, la salida de sus tropas.

Breno no lo pensó durante mucho tiempo. En su campo también faltaban los víveres. Y sus galos, luchadores e indisciplinados, comenzaban a sentir que el sitio era demasiado prolongado.

—Acepto —respondió—. Mi precio es de mil libras pesadas de oro.

El pago del rescate tuvo lugar un caluroso día de verano, en un campo a las orillas del Tíber. Los sitiados habían reunido todo lo que había en el Capitolio de oro, lingotes

[9] Dictador: quien dicta las leyes.

del tesoro del Estado, joyas abandonadas por los fugitivos y hasta la pieza más pequeña de oro que estuviera escondida en el fondo de las bolsas.

Las mil libras contantes y sonantes fueron lanzadas en uno de los platos de la gran balanza instalada delante de la tienda de campaña de Breno. Pero, bajo el ojo del tribuno Sulpicio que vigilaba el trato, los platos permanecieron inmóviles.

—¡Protesto! —rugió Sulpicio—. ¡Los pesos son falsos!

Sólo atrajo hacia él la actitud burlona y altanera de Breno quien, tomando su pesada espada, la aventó en el plato, debajo de los pesos. Después, el jefe galo pronunció en latín dos palabras que son tristemente célebres en la historia de Roma: "*¡Vae victis!*", que significa: "¡Desgracia a los vencidos!".

Fue en ese instante trágico cuando escucharon a lo lejos el sonido de trompetas y el ruido de tambores. En las colinas, soldados con corazas brillantes estaban a punto de alinearse en posición de combate.

Un solo nombre, siempre el mismo, salía de las bocas:

—¡Camilo, ahí viene Camilo!

Claro, era Camilo, a quien los enviados de Sulpicio habían logrado contactar y quien había reunido tres legiones. Los galos, desorientados, huyeron en desbandada, olvidando incluso su botín.

Camilo fue aclamado. Ante los defensores del Capitolio pronunció estas otras palabras, no menos célebres que las anteriores:

"Non auro, sed ferro, recuperanda est patria": "Es por el hierro, no por el oro, que hemos recuperado la patria."

No les quedaba a los romanos sino cumplir su promesa: nombrar a Camilo dictador, y no fue una mala decisión. Camilo empujó a los galos más allá de los Alpes y se dedicó a reconstruir Roma. Logró embellecer tanto la renovada ciudad, que los ciudadanos no dudaron en darle el sobrenombre de "el nuevo Rómulo".

El Senado le dio su confianza en cinco ocasiones consecutivas. Y Camilo murió en su cama, pasados los ochenta años –que para esa época era una edad muy avanzada.

Pero, ¿qué sucedió con el segundo héroe de esta historia, el valiente Manlio Capitolino? Su suerte no fue tan gloriosa. Manlio robó una parte del oro del rescate para pagar las deudas que los plebeyos[10] habían acumulado de la nobleza.

Fue detenido y condenado a muerte por Camilo, quien lo mandó decapitar. Después de ello, según la costumbre, su cuerpo fue lanzado desde lo alto de la roca Tarpiana.

Este suceso dio lugar al siguiente dicho, que significa que, con frecuencia, la gloria es seguida por la desgracia:

"La roca Tarpiana siempre está cerca del Capitolio."

[10] Plebeyos: pertenecientes a la plebe, es decir, al pueblo.

V
LAS GUERRAS PÚNICAS (1)

EL LEÓN DE LIBIA
(218-216 A. C.)

Apio Publicola era entonces un hombre muy viejo; no estaba lejos de los sesenta años. Estaba tendido sobre su cama, con la cabeza hundida en la almohada y su delgado cuerpo cubierto por una simple manta de lana café. A un lado de la cama, sobre una pequeña estantería clavada en el muro, las estatuillas de tierra de los dioses lares[11] mon-

[11] Los dioses lares: divinidades menores dedicadas a proteger las casas; cada romano tenía una representación, en un pequeño altar familiar.

taban guardia. En el cuadro de la ventana, los campos de cebada, en pleno agosto, estaban resplandecientes.

Pero ese espectáculo no podía ser reconfortante para el viejo hombre, pues para nadie había duda de que Apio estaba pronto a morir. No tenía ninguna enfermedad precisa pero se sentía agotado por su larga vida, que terminaba apaciblemente sobre ese pedazo de tierra romana.

Calpurnia, la esposa del viejecillo, había muerto hacía muchos años. Sin embargo, en esas horas que sabía eran las últimas, Apio no estaba solo. A su cabecera estaban dos de sus hijos, Bruto y Pompilio, campesinos, igual que él. Una de sus nueras, Octavia, esposa de Bruto, acompañaba a su marido. Y tres de sus nietos, una niña y dos niños, estaban igualmente cerca de él. Aurelio, de cinco años, quien se remolinaba en su silla, se atrevió a hacer la pregunta que estaba en su cabeza desde hacía mucho tiempo:

—Dime, abuelo, ya que pronto estarás en el Olimpo, ¿podrías contarnos acerca de tus guerras?

Un suspiro salió de los labios resecos del viejo. Pero la mirada que dirigió hacia el muchachito de cabellos alborotados estaba siempre viva, de un azul límpido.

—¿Mis guerras? —comenzó, con una voz que se quebraba—. Entiendo que un muchacho de tu edad se interese en ellas. Yo también, cuando estaba joven, no soñaba más que en golpes de espada, en la gloria y en la grandeza de Roma. Sin embargo, cuando se está en combate y se ve caer a los compañeros, te suplico que me lo creas, uno ya no ve más la guerra con los mismos ojos. Pero sé bien que esto no es precisamente lo que quieres escuchar. Por tanto, pon atención.

El viejo, con un esfuerzo visible, se acomodó sobre sus almohadas y comenzó su relato:

—Fui movilizado en el año 534.[12] En esa época tenía 17 años, la edad legal para servir en las legiones. La razón de esa movilización era Cartago.[13] Tú conoces un poco la historia de tu país, ¿no es cierto, Aurelio? Voy a intentar refrescarte la memoria.

"Cincuenta años antes de que sucediera la historia que te voy a contar, hubo una guerra terrible entre Cartago y Roma por el control del Mediterráneo. Se le llama la primera Guerra Púnica, debido al origen de nuestros adversarios, los fenicios. Esta guerra se alargó durante veinticuatro años. Cada uno de los estados beligerantes quería ese mar para sí, sin compartirlo con el otro.

"Después de combates siniestros, Roma finalmente logró la victoria, tomando de los

[12] Fecha calculada a partir de la fundación oficial de Roma (753 a. C.) El año 534 de Roma corresponde, por tanto, al 219 a. C.

[13] Cartago: antigua colonia fenicia establecida en África del Norte, en un territorio comprendido entre Marruecos y Libia actuales. Era la gran rival marítima de Roma.

cartagineses tres islas importantes: Sicilia, Cerdeña y Córcega. De esta manera, su principal eje marítimo fue cortado, lo que colocó a nuestros enemigos en una situación económica muy débil. Sin embargo, el tiempo pasó y los cartagineses renovaron sus fuerzas y decidieron reconquistar lo que habían perdido."

—Abuelo, abuelo, me aburres con esas historias —mascullό Aurelio con un tono triste—. ¡Cuéntame de las batallas!

—Pero esas historias constituyen la Historia, muchacho. Si quieres comprender algo, me debes escuchar con un poco más de atención.

El viejo, con las cejas fruncidas, falsamente severo, se enderezó un poco más y amenazó con el dedo índice a su nieto. Pero el esfuerzo había sido demasiado grande y volvió a caer sobre la almohada.

—¿Dónde me quedé? Me hiciste perder el hilo a causa de tu impaciencia. ¡Ah, sí! Fui movilizado y me reuní en un cuartel a las afueras de Roma. Ahí pasé seis meses en entrenamiento, tan duros como tú no puedes imaginar. El manejo de la espada y del *pilum*,[14] cavar zanjas, construir vallas. ¡Y las marchas! Marchas de cincuenta kilómetros a pleno Sol, con nuestro equipo completo sobre la espalda, que pesaba sus buenos cuarenta kilos.

—¡Cuarenta kilos!

—Ni uno menos, muchacho. La coraza con tiras de cuero doblado con acero. El casco de cobre. El escudo rectangular formado con dos planchas de pino reforzado con metal, la espada corta, tres o cuatro *pila*, una cantimplora con tres litros de agua, un hatillo con víveres suficientes para tres semanas y las mantas para la noche. Se dice rápido la cuenta, pero te pido que lo creas.

"Pero en fin, al término de seis meses creo que logré ser un legionario honorable. Era tiempo, porque nuestros ene-

[14] *Pilum* (plural: *pila*): lanza corta de hierro de sección cuadrada, que puede servir de jabalina.

migos cartagineses estaban llegando. No atacaron por el mar, como lo hicieron en la primera guerra, sino pasando por España y atravesando la Galia. Se aprestaban a cruzar los Alpes para atacar Roma. ¿Y quién estaba a la cabeza de su armada? ¡Aníbal!".

—¿Aníbal? ¿El León de Libia? —gritó triunfalmente el pequeño Aurelio.

—Así es, muchacho, me doy cuenta de que conoces un poco la historia de tu país —dijo el viejo legionario—. Tienes razón, ese sobrenombre se le dio al jefe de los cartagineses. Ahora ya ha pasado mucho tiempo. Se considera a Aníbal como una gran figura del pasado, un valeroso adversario. Pero en la época de mis 17 años, te juro que la sola mención de su nombre hacía temblar hasta a los más valerosos.

—¡Háblame más de él, abuelo!

—¿Pero, qué más te puedo decir? Jamás lo tuve ante mí; de otra forma, creo que no habría logrado vivir hasta esta avanzada edad; sin embargo, Aníbal no se distinguía en nada de sus soldados. Iba ataviado como ellos y armado como ellos. Comía la misma comida que su tropa, dormía enrollado en una manta, entre los centinelas. Pero en la batalla se mantenía siempre en la primera fila, así como era siempre el último que daba la vuelta a la brida al finalizar el combate.

"¡Así era este desgraciado Aníbal! Estaba a punto de contarte que la armada de Cartago estaba a punto de cruzar los Alpes con la intención de llegar a Roma. Una gran armada de sesenta mil hombres en la que diez mil caballeros llevaban treinta y siete elefantes de guerra."

—¿Elefantes?

—Claro, Aurelio, bestias traídas de África, tan grandes como una casa, que podían llevar sobre su lomo media docena de arqueros; tenían una trompa capaz de lanzar a un hombre a veinte pasos y unos colmillos más meritorios que la espada más afilada.

—¿Los viste de cerca, abuelo?

—¡Oh! De bastante cerca; puedes creerlo, pero siempre escondido detrás de unas rocas porque yo formaba parte de un grupo de avanzada que nuestro cónsul, Cayo Flamino, había enviado a los contrafuertes de los Alpes para supervisar el avance del enemigo. Un enemigo impresionante, porque los cartagineses, a los que podías reconocer por su armadura de bronce y su casco puntiagudo, venían acompañados por mercenarios que formaban parte de numerosos países: griegos con sus largas picas, revoltosos baleares con alforjas llenas de bolas de arcilla, arqueros africanos con el cuerpo cubierto de tatuajes impresionantes y también colosos rubios que avanzaban con el torso desnudo: ¡nuestros ancestrales enemigos, los galos!

—¡Me imagino que sentías un miedo de todos los diablos, abuelo!

—¿Miedo? ¡Debes saber, joven, que un soldado de Roma no siente miedo! Además, recibimos el apoyo de un aliado que se llama invierno. Los Alpes están conformados por montañas muy altas y los senderos que siguió Aníbal a través de los pasos llegaban hasta los tres mil metros. A fines de septiembre, la armada cartaginesa todavía estaba atascada en la cima. Un viento frío corría por los pasos de las montañas y la nieve caía cada vez con más intensidad.

"Las mulas y los caballos de los invasores se resbalaban y se despeñaban en los barrancos. Los hombres, provenientes en su mayor parte de países calurosos, renegaban y se enfermaban. Y, sobre todo, un gran número de elefantes moría. Un gran número, pues cuando Aníbal llegó al fin a la planicie del Po, al terminar el invierno, sólo uno había sobrevivido."

—¿Entonces tú ganaste la guerra, abuelo? —balbuceó el pequeño Aurelio, con una sonrisa de oreja a oreja.

—Bien, incluso contando las considerables pérdidas ocasionadas por la travesía de los Alpes y la nieve, los cartagineses aún estaban muy fuertes. Y aparentemente decididos, más que nunca, a vengar su derrota sufrida al forzar las puertas de Roma.

"Flamino puso en movimiento su armada con el proyecto de atacar, mientras que Aníbal se desplegaba en Etruria. Yo me había unido al grueso de la tropa. Una orden pasaba de fila en fila: "¡Identificar al tuerto y matarlo!".

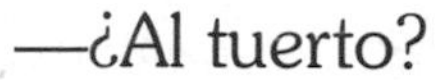

—¿Al tuerto?

—¡Sí, Aníbal en persona! Había perdido un ojo en los pantanos del norte de Etruria debido a una infección mal tratada. De esta forma, podía ser reconocido. Desafortunadamente, cuando ya lo habíamos reconocido, se lanzaba contra nosotros a la cabeza de su caballería. Era un día en el que la bruma de los pantanos estaba densa, como para cortarla con cuchillo. Los cartagineses, de acuerdo con su antigua táctica, habían envuelto las pezuñas de sus caballos con trapos. Por ello, no los escuchamos llegar. Y ése fue el desastre.

"Arrolladas, pisoteadas, las legiones rompieron su precioso paso de marcha.

Quedamos separados en grupos aislados, sin órdenes de nuestros jefes, hostigados por guerreros que daban alaridos que parecían surgir de la nada. Ahí fui herido por primera vez en un costado, con un venablo. Después, una segunda vez, recibí un golpe de espada que me dejó sin un pedazo de espalda. Cuando me enteré por un fugitivo que el cónsul acababa de ser asesinado, escapé, brincando entre cadáveres y moribundos. Y quedé con vida sólo por un milagro.

"Esta derrota sangrienta fue nombrada como Batalla del lago Trasimen. Un recuerdo que me hizo daño traer a mi memoria, queridos niños."

El viejo se quedó callado y cerró los ojos. Los que estaban alrededor de él podían por un instante haber creído que estaba muerto. Pero un largo suspiro que escapó de su boca, casi sin dientes, tranquilizó a la familia reunida. Apio movió sus párpados y su voz quebrada volvió a tomar el hilo de su relato.

—Por una razón inexplicable, los cartagineses no aprovecharon su victoria para llegar a Roma. Sin duda habían sufrido por sus pesadas pérdidas y Aníbal, como buen general que era, prefirió esperar a que sus hombres descansaran y que fueran curadas sus heridas. Sin duda alguna esperaba refuerzos. Así, se estableció en la planicie del Po y, de acuerdo con su tradición, se dedicó a saquear por todo el norte de Italia.

"Por su parte, Roma volvió a formar sus fuerzas. Fue así como, dos años más tarde, me encontré dentro de una nueva legión, bajo la dirección del cónsul Emilio. ¡Éramos noventa mil! Y nuestros enemigos sólo llegaban a cincuenta mil, ya que los refuerzos que esperaban jamás llegaron. El encuentro que pensamos sería el decisivo tuvo lugar en Apula, cerca de la costa de Cannes.[15] Entonces... entonces..."

[15] Cannes: pequeña ciudad de Apula, situada en el sur de Roma.

—¿Qué, abuelo? ¿Qué sucedió?

—¿Qué? Incluso después de todo ese tiempo, las palabras me lastiman al salir de mis labios, a tal punto que me niego a contarte el detalle del combate. Debes saber solamente que lo que sucedió en Trasimene se reprodujo en Cannes. ¡Ese Aníbal era un demonio! Con fuerzas casi dos veces inferiores en cuanto al número, cayó sobre nosotros como rayo y nos dejó cercados. Incluso yo recibí tres heridas antes de derrumbarme. Alrededor de mí yacían los cuerpos de cincuenta mil romanos. Habían muerto ochenta senadores y nuestros dos cónsules: Emilio y Varron.

"Cannes está considerada hoy todavía como la más grande derrota romana. En la ciudad en la que encontré refugio junto con otros sobrevivientes, todos los ciudadanos se lamentaban y los hombres se cubrían la cabeza con ceniza. Los sacerdotes ordenaron sacrificios, incluso humanos, para conciliarse con los dioses."

—¿Quieres decir que degollaron hombres de la misma manera que degollaron becerros, abuelo?

—Bueno, sólo a cuatro prisioneros, dos galos y dos numidas.[16] ¿Habrá sido gracias a los sacrificios? ¿O porque Aníbal estaba tan cansado como nosotros? En esa ocasión tampoco se arriesgó a atacar Roma. Por el contrario, pasó de largo por nuestras murallas, siguiendo su camino hacia Grecia para realizar conquistas que Aníbal consideraba que serían más fáciles. Esto le permitió a Roma volver a tomar fuerzas y levantar nuevas legiones.

—¿Habrá todavía más batallas? ¡Cuenta, abuelo! ¡Cuenta!

—Un poco de paciencia, pequeño. ¿Podría alguien ir a buscar una cantimplora con agua de pozo? Tengo mucha sed por haber hablado tanto.

[16] Numidas: habitantes de Numidia –hoy Argelia. Los numidas se enrolaron como mercenarios tanto con los cartagineses como con los romanos.

Sólo hasta que Octavia llegó con agua fresca, Apio, después de haber apagado la sed, volvió a tomar el hilo de su historia...

VI
LAS GUERRAS PÚNICAS (2)

EL NIÑO QUERIDO DE LOS DIOSES
(214-202 A. C.)

El viejo acababa de beber pequeños sorbos de agua de una cantimplora de cerámica, esa agua que Octavia había ido a recoger al pozo. Respiraba con dificultad y, cuando retomó su relato, su voz estaba tan débil que toda la familia tuvo que acercarse alrededor de su cama para poder escucharlo.

Aurelio se bajó de su banquillo para arrodillarse lo más cerca posible de su abuelo; puso su mentón entre las manos y apoyó los codos sobre la cama donde el moribundo trataba de movilizar sus últimas fuerzas. Al fin, inició la segunda parte de su relato.

—Cuatro años habían pasado desde la terrible derrota de Cannes. Aníbal estaba en Europa y libraba batallas en el Peloponeso.[17] En Roma habían nombrado a un nuevo cónsul: Marcelo, quien había logrado convencer al Senado para realizar una expedición marítima contra Siracusa.

—¿Siracusa, abuelo?

—¡Oh! Tú debes conocer al menos su nombre. Es, o era, una bella y gran ciudad fortificada, situada sobre la costa de Sicilia. Me parece que fue un puerto edificado en sus inicios por los cretenses. Pero, hace mucho tiempo, los cartagineses la ocuparon y construyeron allí una plaza fuerte que tenía reputación de ser inaccesible; desde ahí lanzaban los piratas sus incursiones contra nuestras costas. En esa época se decía que

[17] El Peloponeso: Grecia

Siracusa era un puente entre Europa y África. Por ello, había que tomar ese puente.

"Así, nos embarcamos en una armada de ciento ochenta remeros; esos navíos tenían tres niveles de remos que eran maniobrados por esclavos. Sólo éramos dos legiones, con veinte mil hombres. El Senado, de acuerdo con lo que se escuchaba, no creía realmente en la victoria del plan de Marcelo.

—¿Y tú, abuelo?

—¿Yo? Yo soy un campesino, como todos los soldados de Roma. Hombres de la tierra, no marinos. Era la primera vez en mi vida que iba al mar, y la mayoría de los legionarios también. ¡Por ello, durante tres días que duró la travesía, no hice más que aferrarme a la borda y vomitar cuando el navío se movía demasiado! Mis compañeros hacían lo mismo. Y mientras el mar se calmaba, estábamos muy ocupados en dejar que nuestro estómago se arreglara como para pensar en la suerte de Roma y en la siguiente batalla.

"Cuando, a la puesta del Sol, las murallas color rosa de Siracusa se empezaron a esconder detrás de la bruma frente a la proa de los barcos, créeme que nos sentíamos aliviados. ¡Todo, antes que permanecer una hora más sobre esos malditos navíos!

"La escuadra adoptó la formación de abordaje. Mis camaradas y yo estábamos, codo con codo, con la mano derecha crispada sobre el mango del *pilum* y con el brazo izquierdo que sentía un gran dolor por el peso del escudo. Resonaban gritos de excitación. Nubes de gaviotas parloteaban volando encima de nosotros y parecía que nos respondían. Estábamos a menos de una milla náutica de las murallas. Y entonces, sucedió algo impresionante."

—¿Qué sucedió, abuelo? ¿Qué sucedió?

—Por favor, déjame respirar —gimió el viejo, con una voz apenas perceptible.

Llevó su mano temblorosa a la frente y cubrió por un instante sus ojos, como si el hombre quisiera escapar de las terribles visiones que llegaban del pasado.

—De un solo golpe, la flota quedó envuelta por un resplandor fulgurante. Se diría que el rayo de Júpiter golpeaba nuestros navíos. Muchos se incendiaron tan fácilmente como una rama de árbol bien seca. Las velas se quemaron en un santiamén, los mástiles se derrumbaron y los marinos y soldados no tuvieron otra opción que lanzarse al mar para escapar del fuego.

"Fue... terrible, espantoso. En unos cuantos minutos perecieron miles, quemados vivos o enterrados en el fondo del mar por el peso de sus armaduras y el equipo. Protegido de las llamas, logré acercarme a un pedazo de mástil que flotaba y fue así como logré llegar a la orilla casi ileso. Ahí fue cuando supimos qué había lanzado esos relámpagos.

"No se debía a la mano del rey de los dioses sino a grandes espejos alineados a lo largo de las murallas, gigantescos espejos de cobre que reflejaban la luz del Sol y la regresaban en forma de rayos ardientes de una intensidad mortal. Tuvimos que hacerlos añicos uno a uno o aventarlos al pie de las murallas, como premio de un encarnizado combate cuerpo a cuerpo con sus defensores.

"Afortunadamente, los cartagineses no eran numerosos. La mayor parte de su armada se encontraba en Grecia y al sur de Italia. Y los soldados que quedaban seguramente pensaban que su arma secreta era suficiente para contenernos. Pero no fue así. Nada nos impidió que nos batiéramos calle por calle, plaza por plaza, antes de que Siracusa fuera tomada. ¡Fue nuestra primera victoria sobre los cartagineses después de varios lustros!".

—Abuelo, esos espejos que quemaron los navíos ¿eran invención de los cartagineses?

—No exactamente, pequeño. Se trataba de la invención de un solo hombre, un sabio cartaginés llamado Arquímedes.[18]

[18] Arquímedes: considerado como el más grande sabio de la antigüedad. A él se debe el teorema que lleva su nombre: "Todo cuerpo sumergido en el agua..."

Eso no lo supe sino más tarde. Se dice hoy que ese sabio fue un genio que descubrió algunas propiedades misteriosas de la Naturaleza. Es muy posible. Pero en la época de la toma de Siracusa, no era más que un enemigo que causó la muerte de miles de los nuestros.

"Sin embargo, él también encontró la muerte ese mismo día. Uno de nuestros soldados descubrió a Arquímedes en su jardín, mientras estaba a punto de escribir fórmulas con su bastón sobre la arena. Quizá ignoraba la realidad de las batallas. En todo caso, el anciano sabio estaba tan ocupado que no escuchó cuando el legionario se acercaba. Y murió, clavado en el suelo por una lanza. Eso lo escuché contar la misma tarde de la batalla. Sin duda no fue muy glorioso pero era la guerra, ¿no es cierto?

"Por otra parte, para borrar todo trazo de las invenciones maléficas de Arquímedes, Marcelo ordenó que se incendiara la biblioteca de la ciudad. Parece que era la biblioteca más importante del mundo. Durante la noche, el fuego avanzó hacia los edificios vecinos y Siracusa fue totalmente incendiada. La guerra, mis niños... la guerra.

"Pero, estoy agotado. ¿Me permiten una pausa más? Les prometo que será la última."

Esta vez, el viejo permaneció durante mucho tiempo con los párpados cerrados, tan inmóvil que parecía que ya no respiraba más. Al fin, cuando el Sol bajó sobre la rica planicie de Campania, la cara marchita se animó nuevamente.

—Debo apurarme a terminar si quieren escuchar el fin de mis aventuras guerreras. Pero mi memoria me juega malas pasadas. ¿Dónde me quedé?

—¡En Siracusa, abuelo, en Siracusa!

—Claro, el fin de Siracusa. Pero llegó el momento de hacer salir a escena a uno de los más gloriosos cónsules de toda la historia de Roma. Quizá el más glorioso.

"Mientras la ciudad de Arquímedes se quemaba, ese cónsul, de veinte años de edad, había logrado tomar otra ciudadela cartaginesa, en España: el puerto de Cartagena. También era una fortaleza inexpugnable porque estaba construida sobre una colina, entre un lago y el mar. Antes de realizar el asalto, el joven cónsul había estudiado de manera muy atenta el movimiento de las mareas y había determinado el momento del reflujo, momento en que sus tropas podrían pasar casi sin mojarse los pies. También declaró a sus tropas:

—¡Soldados, soy protegido de Neptuno! Dentro de poco, el dios que vela sobre mí ordenará a las mareas que se retiren. ¡De esa forma, podremos invadir la ciudadela sin despertar la desconfianza de nuestros enemigos!

"Efectivamente, la marea retrocedió, Cartagena fue tomada y Roma celebró rápidamente la gloria del protegido de Neptuno. Pero creo que todavía no he pronunciado su nombre. Se llamaba..."

—¡Publio Cornelio Escipión, el Niño querido de los dioses!

El viejo sonrió silenciosamente y extendió su brazo tembloroso para despeinar cariñosamente los cabellos del muchacho que estaba inclinado hacia él.

—Constato que la gloria sobrevive a los años. Tienes razón, muchacho. Así apodaron a este astuto general. Un sobrenombre que no demeritó jamás, porque Escipión logró numerosas victorias más en España, hasta sacar de ahí para siempre a los cartagineses.

"Pero eso no era suficiente. Con el fin de vencer definitivamente a Cartago, había que llevar la guerra a su territorio, a África. Para realizar esta decisiva expedición, Escipión reunió a ochenta mil hombres. Yo estuve allí pero esa fue mi última campaña. Habían pasado diecisiete años desde que me había enrolado en las fuerzas armadas. A los treinta y cuatro años ya había recibido no menos de doce heridas. Estaba agotado, desgastado. ¡No tanto como ahora, claro!

Pero me sentía muy cansado, aun en esa época.

"¡Oh! Pero no me compadecía. O lo hacía lo menos posible. Llevaba la vida de un legionario ordinario: combatir, marchar, volver a combatir, marchar y marchar bajo el Sol y la lluvia, a través de las montañas alpinas y los desiertos ardientes de África, cargando mis cuarenta kilos sobre la espalda, como una tortuga su caparazón...

"Escipión nos trataba con dureza pero nosotros lo venerábamos como si fuera un dios. Era joven, apuesto, justo y piadoso. Cuando pasaba entre nosotros en su caballo blanco, con su coraza dorada y su casco escarlata, ¡cómo lo aclamábamos!

"Pero tenía que sonar la hora de la batalla. Aníbal, el famoso Aníbal, había regresado de Grecia. Y era a él –al León de Libia–, a quien nos teníamos que enfrentar.

"En la tienda de Escipión, entre los dos generales, se realizó una entrevista que permaneció siempre en secreto. Se decía que eran las últimas conversaciones para una paz imposible. Estas conversaciones fracasaron, pero lo seguro es que los dos jefes se apreciaron. Sin embargo, nada podía ya impedir el combate. Se llevó a cabo en la planicie de Zama. Era el verano del año 551[19] en una temporada de calor asfixiante, seco y punzante. Escipión se había aliado con el príncipe númida Masinissa, que alineó a nuestros lados a veinte mil caballeros, guerreros despiadados, con el cuerpo enteramente cubierto de mallas de acero negro y que manejaban como nadie un arco con doble curvatura.

"Se entabló la batalla. Lo que había sido hasta ese momento la fuerza de los cartagineses era justamente su caballería, que siempre conseguía envolver nuestras líneas para dislocarlas bajo ataques incesantes. Pero Escipión había adivinado desde hacía mucho tiempo esa táctica y nos dividió en pequeños grupos con mayor movilidad y, gracias a la ayuda eficaz de los caballeros

[19] El año 202 a. C.

númidas, nos fue bien. Te suplico que me creas, fue una batalla muy ruda y duró casi hasta la noche. Recibí un golpe de espada, el decimotercero y último, al que le debo esos dolores en los riñones que, al llegar la vejez, han acabado por inmovilizarme de manera definitiva en esta cama.

"Vi con mis ojos, en el tumulto de la batalla, a Aníbal y a Escipión enfrentarse en un combate singular; el primero en su caballo árabe, negro como el carbón, y el segundo sobre su caballo blanco. ¡Su segundo encuentro fue menos amistoso que el primero!

"En esa época, Aníbal tenía cuarenta y seis años de edad. Se decía que después de perder su ojo, quedó casi ciego. Pero eso no le impedía combatir como un joven. Logró darle un golpe tan fuerte a Escipión que nuestro general cayó de su caballo. Pero los dioses supieron proteger a su niño querido. Un grupo de númidas llegó al punto exacto y Aníbal tuvo que detener el combate. La batalla cambió a nuestro favor y las tropas de Cartago, dislocadas, huyeron por la planicie. Nadie volvió a ver a Aníbal quien, como lo escuché más tarde, se fue a refugiar a Grecia, donde seguramente un poco más tarde terminó su vida.

"Desde el día en que logramos esta brillante victoria, nuestro cónsul recibió el nombre de Escipión el Africano. Hasta su muerte, pocos años después, fue el más popular de nuestros generales. Fue también muy rico. En cuanto a mí…"

—¿Qué, abuelo?

El viejo había cerrado los ojos.

—Yo —suspiró—, tuve justo lo necesario para construir, con mi cuota de retiro, esta pequeña casa en la que ahora están ustedes reunidos. No me arrepiento de nada, hijos míos…

El viejo soldado se interrumpió. Su familia esperó en vano una última confidencia de los labios resecos del viejo. Su pecho no se elevaba más; su cara arrugada tenía un aspecto apacible. Una vez que acabó su relato, Apio Publicola murió en paz.

VII
LA GRAN REVUELTA DE LOS ESCLAVOS

Espartaco, gladiador
(73 a. C.)

Los cuatro gladiadores se alineaban frente a la tribuna. El Sol caliente del fin de la primavera caía sobre el anfiteatro. La piel de los combatientes brillaba por el sudor y su sombra formaba una marca negra sobre la arena.

Todos subían su brazo derecho y, a una sola voz, daban el saludo ritual:

—¡Quienes van a morir los saludan!

En la tribuna estaba reunida una decena de personas.

No estamos hablando del majestuoso Coliseo de Roma, que podía contener a cincuenta mil espectadores y donde era común ver a cinco mil gladiadores enfrentarse en el transcurso de una sola jornada, sino de un "combate privado", que tenía lugar en un simple y pequeño circo con paredes de madera. Se trataba del *lanista*[20] Lentulus Batiatus que dirige, en las cercanías de Capua, la mejor escuela de gladiadores de toda Italia.

Este Batiatus era un hombre de gran vientre, con la barba desordenada, la piel grasosa y siempre llevaba túnicas manchadas destinadas a disimular su riqueza. ¡Ser comerciante de carne humana dejaba dinero!

Batiatus levantó la mano; los anillos engastados de piedras preciosas que llevaba en cada dedo brillaban alegremente bajo los rayos del Sol.

[20] Lanista: maestro de una escuela de gladiadores.

En la arena, los gladiadores estaban colocados por parejas, uno delante de otro, flexionando las rodillas. Comenzaron a pisotear la arena con prudencia, midiendo cada uno de ellos la debilidad de su adversario. Se conocían bien, pues durante meses habían vivido juntos en el cuartel del *lanista*, entrenando, comiendo y durmiendo juntos.

Era claro que el primer mandamiento de los gladiadores era: "No tendrás un amigo". Por lo mismo, era visible que esta vida comunal debilitaba la agresividad de los combatientes. Los primeros pasos eran carentes de ardor y los espectadores se daban cuenta de ello. Allá arriba, bajo el *velum*, esa enorme tela color púrpura que protegía a las graderías del Sol, los espectadores comenzaron a agitarse y a protestar.

—¡Un poco de nervio!

—¡Véanlos, combaten como gallinas bien alimentadas!

—¡O como pollos mojados!

El noble romano que pagó el combate movió la cabeza con desprecio. Frisaba los cuarenta años, tenía rostro sanguinario y estaba vestido con una toga bordada con oro. Su nombre era Marco Licinio Craso. Era uno de los hombres más ricos de Roma. Craso llegó con Batiatus con unas mujeres adornadas y maquilladas, instaladas en literas cargadas por esclavos. Para impresionar a sus amigas, exigió que el encuentro fuera en un combate a muerte. Batiatus hubiera preferido mantener a sus gladiadores vivos, pues un buen gladiador es una mercancía preciosa que da tristeza gastar inútilmente. Pero recibió un excelente pago, entonces...

Craso pidió también que los duelistas lucharan sin armadura, para que “se viera mejor cómo corría la sangre”.

—¡Pagué demasiado caro! —gruñó, volteando hacia sus invitadas—. Tus gladiadores retienen los golpes. Son muy buenos amigos. ¡Que les peguen con un fuete!

Batiatus suspiró e hizo un gesto autoritario al entrenador, un griego tuerto que vigilaba de cerca a los combatientes. Su fuete voló por el aire y cayó en la espalda del combatiente más letárgico, el *mirmillon*[21] –un galo llamado Bracos. El *mirmillon* se sobresaltó. Su adversario, el gigantesco Nublen Draba, combatía con tridente y malla. Se aprovechó de ello para darle a Bracos unos pinchazos. El *mirmillon* tuvo como reflejo cubrirse el flanco con su escudo rectangular.

Los dos hombres que integraban la otra pareja parecían tener la misma fuerza. Se medían con fintas y brincos de danzantes que levantaban el polvo. Por ello, Gannicus el Samnita[22] a pesar del escudo oblongo

[21] El *mirmillon*, o galo, era una categoría muy común de gladiadores, que combatían con un escudo ovalado y una espada muy larga.

[22] Con frecuencia se daba a las diferentes categorías de gladiadores los nombres de pueblos de los que traían las armas: los "samnitas" con un gran escudo y una espada corta, los "thraces", con su *sica*.

que le protegió el cuerpo, no pudo evitar un golpe lateral que rasguñó su pecho. Rápidamente brotó la sangre. Fue un espectáculo apreciado por los gritos excitados de las damas.

El agresor era un tracio.[23] Era un hombre de talla mediana pero admirablemente proporcionado. Sus ojos eran de un azul penetrante y una larga cabellera castaña cubría sus hombros musculosos, que presentaban pequeñas cicatrices. Su cara era atractiva a pesar de que la nariz rota le daba un aire salvaje.

Se le conocía como Espartaco.

Espartaco nació en una región muy pobre de su pequeño reino. Era hijo de pastor y había creído poder escapar de su situación miserable enlistándose como auxiliar en la armada de ocupación romana. Pero cuando le pidieron que combatiera contra su propio pueblo, desertó. Lo aprehendie-

[23] La Tracia era un pequeño reino situado al norte de Grecia, a las orillas del mar Egeo, en el lugar que ocupa hoy Bulgaria.

ron y lo hicieron esclavo, y tuvo la suerte más terrible que se le puede reservar a un hombre: las minas de plata a cielo abierto en Etiopía. Bajo el fuete de los guardias, bajo los rayos ardientes del Sol, Espartaco sentía que dentro de él crecía poco a poco el odio: odio a los romanos, odio a la esclavitud.

¡Hubiera preferido mil veces morir! Pero el odio lo mantuvo con vida. Y al fin llegó el milagro. Un día llegó a las orillas de la mina un griego montado en una mula, que se protegía del calor con un amplio paraguas de plumas de avestruz, que era movido por un esclavo numida. Ese griego se llamaba Atarxaces y su misión era comprar esclavos para la escuela de Batiatus. Palpó los músculos de Espartaco, le revisó los dientes, diciendo al mismo tiempo que reía:

—¡Un esclavo es como un caballo! ¡En su dentadura se reconoce su valor!

Escogió a Espartaco, además de una decena de otros fortachones. Apenas habían llegado al terreno de Batiatus, reunieron a los futuros gladiadores en el patio. Y fue el *lanista* en persona quien, adiestrado para la buena marcha de la villa, les dio este discurso:

—Están aquí para aprender a combatir en la arena. Los tratarán bien, estarán sanos y bien alimentados. Quienes demuestren disciplina y fuego en el combate, tendrán mujeres. Los mejores irán hasta Roma. Y los que sobrevivan podrán, al pasar algunos años, volver a comprar su libertad o convertirse en gladiadores libres y ganar grandes fortunas.

Así comenzó el entrenamiento de los gladiadores, al principio con espadas de madera y luego con armas verdaderas. Al principio con maniquíes articulados, y después peleaban entre ellos mismos. Se les enseñó a dispensar la muerte rápida (golpes en el corazón o en la garganta), muerte lenta (en el vientre) y la inmovilización del adversario cercenándole las piernas o los brazos.

Espartaco entrenó con dedicación, al igual que todos sus compañeros. Y llegó ese día en el que, por la fantasía de Craso, cuatro de sus gladiadores librarían un verdadero combate en el que, al final, dos de los cuatro morirían.

Espartaco fintó y su arma atravesó la cadera del samnita. Se escucharon aplausos excitados que venían de la tribuna.

—¡*Hoc habet*![24] —murmuró el conocedor Craso.

El samnita se desplomó. Gesticulaba, presionando la herida con la palma de su mano. Espartaco encontró la mirada suplicante de su adversario. Pero, ¿qué podía hacer? Solamente levantar los ojos hacia la tribuna y esperar el veredicto fingiendo impasibilidad.

—¡Buen combate! —balbuceó Batiatus—. ¿Y si la detenemos allí? Este hombre está totalmente dominado.

[24] *Hoc habet*: "Lo tiene" (fórmula tradicional).

—¿Tú crees? —ironizó Craso—. ¿Qué opinan de ello estas nobles damas?

—¡Es un cobarde! —gritó con menosprecio una de las mujeres, la morena Claudia, y daba una mordida a un higo.

—¡Es un torpe, no merece vivir! —insistió la morena Julia, colocando sus labios color violeta en la enana copa de vino del Vesubio.

—Entonces…

Con un gesto brusco, Craso extendió un brazo, con el pulgar volteado hacia abajo.[25] En la arena, Espartaco dudaba con pena.

—¡Lo siento por ti, pero debo hacerlo! —murmuró.

Y hundió su arma en la garganta del samnita.

Los espectadores apenas tuvieron tiempo de respirar cuando el segundo combate había terminado. Draba había logrado cu-

[25] El final del combate entre gladiadores pertenecía a los espectadores —pero en primer lugar al emperador o a los nobles. El dedo volteado hacia arriba significaba la gracia, y hacia abajo, que el vencido debía ser aniquilado.

brir la cabeza de Bracos bajo su malla. El *mirmillon*, sin equilibrio, se dejó caer sobre sus riñones. Rápidamente, el tridente puntiagudo se dirigió hacia su garganta. Una sola mirada hacia la tribuna fue suficiente para que Nubio conociera la sentencia de los pulgares. Y los tres dientes triangulares se hundieron en la garganta palpitante.

—¡Bien, nobles invitados! —balbuceó Batiatus, frotando sobre su panza las palmas de sus manos, que estaban tan mojadas que dejaron manchas grasientas en su túnica—. Espero que hayan quedado satisfechos, ¿no es así?

Con profunda consternación, Craso, que acababa de consultar a su colorida corte, susurró:

—De ninguna manera, querido Batiatus. Ya que nos quedan dos buenos elementos, nos gustaría mucho ver pelear a Draba contra el tracio. Para la final, ¿comprendes?

—¡Ni lo pienses! ¡Mis dos mejores gladiadores! ¡Quieres arruinarme! —lloriqueó Batiatus. Sollozaba de manera tan poco convincente que Craso soltó una carcajada.

—¡Para nada, amigo! ¡Al contrario, quiero que seas más rico! ¿Si te dijera que deseo añadir doscientos mil sestercios[26] a los trescientos mil que ya te pagué?

—¡Cómo resistir ante tal propuesta!

Para mostrar seguridad en sí mismo, el *lanista* suspiró ruidosamente, levantó los hombros y continuó el combate. Avance, retroceso, ataque, parada, sonido de la espada lanzada de una mano a la otra, choque metálico de la sica contra el tridente. Sin embargo, con lo aguerrido que era Espartaco, no tenía la talla para enfrentarse con el gigante de África. Se derrumbó, con las piernas embrolladas en la malla. Sintió las puntas que presionaban su cuello. Vinieron a su mente las palabras de Draba, pronunciadas algunos días an-

[26] Sestercio: la moneda más común de la época. Se puede pensar que un sestercio de la época de Espartaco equivale aproximadamente a cuatro pesos mexicanos actuales.

tes: "Ruégale a tus dioses, tracio, que no te encuentre en la arena. Porque en ese momento estaré obligado a matarte."

Espartaco simplemente le había respondido:

—No creo en ningún dios.

Ahora, el instante fatídico había llegado para Espartaco, quien se limitó a balbucear:

—¡Hazlo rápido, amigo mío!

Y esperó la muerte, pero ésta no llegó. A lo lejos, surgieron clamores. Espartaco abrió los ojos. Draba ya no estaba allí. El nubio iba corriendo hacia la portería, blandiendo su tridente. Muchos soldados de la guarnición se apresuraron a detenerlo. Las mujeres agitaban los brazos y lanzaban gritos agudos desde la tribuna. Draba llegó al muro de la arena y, con agilidad felina, empezó a escalarlo. Fue en ese momento cuando el primer *pilum* lanzado por un guardia le atravesó la espalda.

El nubio se sobresaltó pero continuó su ascenso. Por encima de él, el terror era total. Sólo Craso conservaba la calma. Una sonrisa alargó sus delgados labios en el momento en que otros dos venablos, lanzados con precisión, detuvieron al gladiador. Draba se soltó de donde estaba detenido y se desplomó sobre la arena, como si hubieran aventado un saco de granos al suelo.

Espartaco salió de su inmovilidad y hubiera querido ayudar a quien lo había protegido, pero sintió un dolor punzante en la nuca. Era el entrenador tuerto que trataba de estrangularlo.

Espartaco recuperó la conciencia en la humedad del lóbrego y sombrío calabozo donde encerraban a los gladiadores castigados. Pasó allí un largo mes, mientras multitud de preguntas venían a su espíritu: ¿Por qué lo protegió Draba? ¿Por qué el nubio se sacrificó por él? En su lugar, ¿habría hecho él lo mismo?

En su soledad, sólo había una presencia que lo tranquilizaba y que día a día era cada vez más dulce: la joven esclava que le llevaba su única comida cotidiana. Los primeros días sólo era una silueta en ropa de lino que daba la vuelta apenas había depositado delante del grillete una torta de maíz y una garrafa con agua, pero poco a poco fueron intercambiando algunas palabras.

La joven se llamaba Varinia. Era germana, tenía el cabello rubio dorado y sus ojos eran de un azul límpido en una piel pálida y pecosa que olía a lavanda. En algunas ocasiones, cuando el corazón de Espartaco latía más fuertemente, retenía la mano de Varinia a través de los barrotes y se hablaban con los ojos. De esos intercambios silenciosos nació entre ellos algo que se parecía al amor. ¿Pero de qué servía el amor cuando se era esclavo?

Un día, Espartaco le dijo unas palabras al oído a Varinia:

—¡Nos escaparemos de este infierno y seremos libres!

Llegó el día en que el grillete del calabozo al fin se abrió. Con su fuete, el tuerto llevó a Espartaco al comedor. Sus camaradas, que ya estaban allí, lo aclamaron. Desde que Braco, Ganico y Draba habían muerto por el simple capricho de un noble, los gladiadores se habían vuelto indisciplinados y reacios. En el momento en que se enfilaban y avanzaban en fila hacia la mesa donde iban a recibir su comida de la noche –carne de cacería y puré de castañas–, un coloso galo llamado Crixos le susurró a Espartaco:

—Esperábamos con impaciencia tu liberación. ¿No crees que ya fue suficiente de servir de carne dispuesta a morir en manos de los romanos que no tienen ni fuerza para sostener una espada? ¿No crees que ya sea tiempo de liberarnos?

—Ése era mi único pensamiento mientras me enmohecía en la sombra. ¡Y no olvidé a Draba! Murió por mí. Yo estoy dispuesto a morir por cada uno de ustedes. Sin embargo, si tengo la oportunidad, ¡preferiría vivir!

El tuerto se enfureció por sus conciliábulos y azotó su fuete en la espalda de

Crixos. Eso fue la gota que derramó el vaso, la señal, el disparador.

—¿Acaso somos perros para que nos des de fuetazos? —gritó Espartaco.

Espartaco se levantó, se lanzó contra el guardia y lo estranguló con su propio fuete. Crixos, con sus enormes manos, rompió la nuca de un guardia nocturno. Como si fueran uno solo, los gladiadores se lanzaron en contra de los carceleros. ¿Qué podía hacer una docena de brutos armados de fuetes y espadas, contra más de cien fieras desencadenadas de repente? En un abrir y cerrar de ojos, los guardias no eran más que cadáveres.

—¡Somos libres! —gritó Crixos.

—Todavía no —susurró Espartaco, señalando con la punta rojiza de su espada las rejas que rodeaban el comedor.

¡Los soldados habían sido alertados por el ruido y llegaron corriendo al comedor! Eran cincuenta legionarios que los gladiadores veían alinearse ordenadamente detrás de las rejas, con sus cascos brillantes bajo los últimos rayos del Sol, con sus *pila* puntiagudos y sus escudos unidos borde con borde para formar una muralla de acero inquebrantable.

Espartaco sintió que sus compañeros comenzaban a dudar. El mismo Crixos parecía a punto de desistir. Tenía que reaccionar, y rápido.

—¿Qué tienen? —les gritó—. ¿Les dan miedo esos soldados? ¡No olviden que cada uno de nosotros vale por cinco de ellos! ¿No es lo que nos enseñaron? ¡Vamos a batirnos! ¡Vamos a derrotarlos! ¡Y les juro que ningún romano olvidará a los gladiadores de Capua!

Espartaco pronunció las palabras necesarias. De los gladiadores surgió un rugido de entusiasmo. El tracio, con Crixos y una docena más, se lanzó a tomar las rejas. Bajo el peso de ese racimo humano, las rejas se caían sobre la delantera de los legionarios. Cada barrote tenía una prolongación puntiaguda de acero. Era un rastrillo terrible y los gladiadores lo empuñaron. ¡Adelante!

Trastornados y heridos, los soldados rompieron sus bien formadas filas y se enfrentaron individualmente a los rebeldes. Y, en combate singular, los gladiadores eran invencibles.

En pocos minutos, la victoria de los insurgentes fue total. De la guarnición no quedaban más que cuerpos tendidos en su propia sangre. Pero Espartaco no estaba satisfecho.

—¿Dónde está ese crápula de Batiatus?

No tardó mucho en encontrar al gordo hombre que temblaba de miedo escondido en su despacho. Espartaco lo jaló del cabello y, a pesar de sus lamentos, le abrió la garganta.

—¡Como en la arena! —le gritó.

Ésa fue la única oración fúnebre para el *lanista*.

Hasta ese momento, Espartaco pudo dar libre curso a su alegría. Cubierto con una película de sangre y de sudor, se levantó encima de un muro y levantó los brazos. Alrededor de él, se hizo el silencio.

—¡Amigos! —clamó—, éste es un gran día! ¡Jamás nos volveremos a batir en la arena! ¡Somos libres! ¡Formamos un pueblo libre!

Se interrumpió al sentir en su tobillo un roce ligerísimo, como el ala de una mariposa. Bajó los ojos y allí estaba Varinia, sonriente. Espartaco saltó del muro y la abrazó hasta casi asfixiarla. Con su cabeza entre las manos, murmuró:

—Tú también formas parte de este pueblo libre.

Setenta gladiadores decidieron seguir a Espartaco. Los que quedaron, así como la mayor parte de los servidores liberados, prefirieron huir individualmente, con la esperanza de volver a su patria. A la mañana siguiente de la victoria, la pequeña tropa entró en Capua, destruyó la guarnición y liberó a los prisioneros del mercado de esclavos. Así, Espartaco se colocó a la cabeza de trescientos hombres y mujeres. Decidió establecer su campamento a las orillas del Vesubio, de cuyo cráter salía una ligera fumarola que llegaba justo encima de la ciudad. Un lugar amenazante que los protegería. ¿No se dice que se trata de la morada de Plutón, el dios de los infiernos?

Desde allí, "los gladiadores de Capua", como se les llamó desde ese momento, hacían frecuentes incursiones en los latifundios, esas inmensas propiedades que se extendían sobre la rica planicie de la Campaña. Robaban, mataban y liberaban a los esclavos. De trescientos, llegaron a tres mil y después a treinta mil.

Así comenzó lo que recibiría el nombre de "La gran revuelta de los esclavos."

Ése fue el inicio de una aventura fabulosa.

Durante dos años, Espartaco haría temblar a la poderosa Roma que había conquistado la mitad del mundo conocido.

Pero ese jefe estaba hastiado secretamente de los pillajes y asesinatos. Su deseo más profundo era huir de Italia con su tierna Varinia y regresar a Tracia o tal vez fundar, en Galia o más allá, una ciudad de hombres libres.

Pero Roma no podía dejar escapar una armada de esclavos que se burlaban de su poderío y mandó numerosas armadas contra Espartaco. Animado por un genio militar poco común, llegó a vencer a numerosas de ellas... hasta el día en que, en el otoño del año 71, se tropezó, en el sur de Italia, con las legiones comandadas por el cónsul Marco Licinio Craso.

Era ese mismo Craso quien, por ironía del destino, había comprado el combate a muerte de Espartaco en la arena de Batiatus. Y he aquí que los dos hombres se volvían a encontrar, cada uno a la cabeza de más de cincuenta mil hombres. Pero Craso era más fuerte. Al final del enfrentamiento, que duró tres días, arrasó a las tropas rebeldes.

El cuerpo de Espartaco no se encontró jamás. Se dice que cuando estaba por sucumbir, gritó: "¡Regresaré! Y seré millones...!".

Fue a partir de esa muerte sin gloria que la leyenda pasó a formar parte de la historia. Mientras los siete mil esclavos sobrevivientes fueron crucificados en la Vía Apia,[27] se comenzó a murmurar que Espartaco había sobrevivido y que regresaría. O que el hijo que había tenido con Varinia y que lleva su nombre, volvería a prender el fuego.

¡Caramba! Jamás se volvió a ver a Espartaco ni a su hipotético hijo. Por ello, dos mil años más tarde se conoce todavía el nombre de ese que, en la época en que la esclavitud dominaba el mundo, había tenido un bello sueño: vivir libre.

[27] La Vía Apia: célebre ruta romana que va de Roma a Capua.

VIII
LOS IDUS DE MARZO

EL COMPLOT CONTRA CÉSAR
(44 A. C.)

Esa mañana, Julio César se había levantado con el pie izquierdo.

Se sentía cansado, con dolor de riñones y punzadas en sus miembros. Al examinar su cara en el espejo de cobre pulido que le extendió Numa, el joven esclavo atado a su persona, le pareció, más que nunca, estriada por las arrugas de la edad.

Y sus mechas rebeldes erizadas sobre sus sienes, ¡parecían cuernos ridículos que remarcaban su calvicie! Era verdad que el glorioso César tenía 56 años y su juventud estaba lejos.

Suspiró, alisó sus cabellos con la palma de la mano y permitió que el adolescente lo ayudara a ponerse la toga. No había duda de que debía hacerse arreglar una cama mullida en lugar de obstinarse en dormir sobre una simple plancha. Esto era para apoyar la proyección de una imagen de cónsul austero y duro, que tenía como deber compartir la incomodidad de sus legionarios.

¡Qué tontería! César había vencido a la Galia y Egipto. ¡Ahora no estaba ya en campaña! Vivía en Roma, en la lujosa ciudad edificada a las orillas del Tíber, fuera del centro de la ciudad donde se amontonaba el pueblo. Veía por la ventana, con la luz límpida de la mañana, sus jardines arreglados, el gran estanque central y las columnas de mármol que rodeaban el patio. Todo estaba en calma, el lujo, la belleza. Y a pesar de que estaba en la época de los idus de marzo –el decimoquinto día del mes–, el tiempo era idealmente bueno. ¿Acaso no lo tenía todo para sentirse bien?

Con un gesto nervioso, Julio César dejó ir al joven Numa. Necesitaba estar solo para reflexionar. El momento era grave. Debía dirigirse al Senado donde tenía que hacer frente a una reunión en la que contaba con muchos amigos, pero también con muchos enemigos. Sabía de qué lo iban a acusar: de querer terminar con la República, disolver el Senado y después, con la ayuda de sus amigos y el apoyo de las legiones que le eran fieles, hacerse coronar emperador de Roma. Esas acusaciones no carecían de fundamento.

Ciertamente, y como recompensa a sus importantes logros con las armas, lo habían nombrado cónsul vitalicio. Pero eso no era suficiente para el gran César quien, desde hacía algunos meses, intrigaba para reunir en sus manos todos los poderes civiles y militares.

En las fronteras estaban todavía los partes[28] contra quienes había que combatir. En el interior mismo de Roma, la "ciudad eterna" —nombrada así después de la victoria definitiva contra Cartago—, tenía numerosos adversarios que simplemente estaban celosos. Para llevar a Roma más alto todavía en el camino de la gloria, él debía ser el único amo. Así lo había decidido.

—¿Quién es? ¡He pedido que no me molesten!

César levantó la mano para alejar al intruso que había entrado en su recámara, pero bajó el brazo, pues se trataba de su esposa, Calpurnia. Esa mañana, como las demás, se hacía maquillar y peinar como si fuera a una fiesta. Llevaba una túnica de seda bordada, amarrada en la cintura con un pequeño cordel de oro. Era muy bella.

César no estaba más satisfecho de su vida íntima que de su vida pública. Al ha-

[28] Los partes: pueblo de Asia que con frecuencia estaba en guerra contra Roma. El reino ocupaba más o menos el espacio del Iraq actual.

ber sometido a Egipto conoció a la reina de ese país —Cleopatra—, mujer de una gran belleza y de una excepcional inteligencia. Se enamoró y decidió mantenerla en su trono como aliada de Roma y, sobre todo, la embarazó y de ese embarazo nació el pequeño Cesarión. Por lo mismo, Calpurnia ya no era importante para él. Sin embargo, delante de su semblante triste y casi con miedo, se limitó a preguntar:

—¿Y bien? ¿Qué quieres?

Calpurnia bajó los ojos y se estrechó las manos con ansia febril. Murmuró:

—¿Vas a ir al Senado como siempre?

—¿A qué se debe esta pregunta? —preguntó con buen humor el gran hombre, alzando los hombros—. ¡Claro que voy a ir! ¿Acaso César ha retrocedido alguna vez delante de una prueba?

—Yo... dudaba contártelo, pero anoche tuve un sueño terrible. Vi nuestra casa derrumbarse bajo las llamas, mientras tú, lleno de golpes, caías en mis brazos.

Esta vez, César hizo un movimiento de tal nerviosismo que se atoró un bello vaso etrusco con un pliegue de su toga, cayó de su pedestal sobre el piso enlosado y se hizo añicos, produciendo gran ruido.

—Te confieso que yo también tuve un sueño extraño —dijo César, suspirando—. Me vi subir a los cielos y llegué al panteón de los dioses, en donde era recibido por Júpiter en persona. Claro, me gustaría recibir tal honor, pero más tarde, más tarde. ¡No tengo prisa en tomar un lugar entre los dioses!

—¡Y haces bien! Recuerda también la advertencia del harúspice[29] Spurina: "desconfía de los idus de marzo". Y es hoy, esposo mío. ¿Y sabes lo que se cuenta en la ciudad? Ayer, un régulo[30] fue atacado bruscamente y hecho pedazos por otros pájaros. Eso sucedió en la curia de Pom-

[29] Harúspice: adivino.

[30] Régulo, reyezuelo: pájaro, también llamado "pequeño rey", de ahí la intención satírica.

peyo,[31] ¡ahí donde precisamente va a tener lugar la reunión del Senado! Te lo ruego, haz venir a los adivinos y ordena que se realice otro sacrificio. Debes estar consciente de lo que te reservan las horas por venir.

—Muy bien, muy bien —masculló César, cansado—. Pero que se apresuren.

Momentos más tarde, los sacerdotes observaron que el hígado del pollo sacrificado en el altar tenía un aspecto malo, estaba pálido y fibroso –lo que significaba que los augurios no eran favorables. César hizo un gesto muy altanero y dijo:

—¡No son las entrañas de un pollo las que me impedirán hablar a los senadores!

Pidió que le llevaran su litera, se extendió sobre los cojines púrpura y se dejó llevar por el paso de sus cuatro robustos portadores.

[31] Pompeyo: cónsul célebre y, en otra época, el rival más importante de César. Fue vencido dos años después por su adversario, fue decapitado y enseguida cubierto de honores.

No regresó ni vio a Calpurnia bañada en lágrimas delante del pórtico de sus dominios.

Mientras César era trasportado hacia el Campo de Marte, donde se eleva el edificio del Senado, un grupo de hombres se reunió en la villa de uno de ellos, no lejos de la ribera del Tíber. No era la primera vez que se efectuaba una reunión así. Desde hacía varias semanas se desarrollaba una conspiración entre jóvenes nobles y algunos miembros del Senado. ¿Cuál era su objetivo? Nada menos que la eliminación del cónsul.

¿Darle todo el poder a César? Ni hablar. Sería el fin de esta República que era el alma de Roma. El iniciador del complot era propietario de la villa cercana al Tíber y miembro del Senado; se llamaba Casio. Su cuñado era un tal Décimo Bruto, un joven pálido y nervioso, letrado, a quien César había nombrado gobernador de una parte de la Galia conquistada. Otra liga ataba a este joven a César: era su hijo, y lo había tenido de una primera y pasajera unión con una joven romana, mucho antes de su matrimonio y obviamente anterior a Cleopatra.

Pero era un hijo escondido, negado, a pesar de que ese secreto era conocido en toda Roma. Bruto no podía perdonarle eso a su padre.

Antes de que se reuniera la conspiración, había pronunciado esta frase:

—Nuestros sabios nos han enseñado que no debemos soportar a ningún tirano, aunque se trate del propio padre.

—¡Bien dicho! —rugió Casio—. ¿Entonces, lo harás? ¿Lo matarás?

—Yo lo mataré —respondió Bruto, más pálido y nervioso que nunca.

—¡Entonces se realizará en los idus de marzo! —concluyó Casio.

Y los idus de marzo llegaron. Lo único que faltaba era puntualizar los últimos detalles del atentado contra César.

A la quinta hora del día,[32] el cónsul descendió de su litera delante del teatro de Pompeyo, lujoso edificio del Campo de Marte, la plaza más grande de Roma. Era allí donde el Senado acostumbraba reunirse. Hacía buen tiempo y había una multitud despreocupada que recorría las calles. Las mujeres platicaban y los manejadores de animales presentaban ante la multitud osos, changos y guepardos, a los que les lanzaban frutas o pedazos de carne.

César sonrió. Sus inquietudes se disiparon. ¿Qué podía ocurrirle a él? A él, que había conquistado las Galias y Egipto, ¡algo que nadie antes que él había logrado! Su gloria iba más allá que la de Escipión el Africano. Habían dado su nombre al mes más largo del año, el "mes de Julio", y siempre era popular. La prueba era que la gente volteaba a verlo y lo aclamaba.

[32] Once de la mañana —porque los romanos calculaban la hora a partir de la salida del Sol.

Cuando subía los escalones que lo llevaban a la curia, un hombre deslizó un papel en su mano. Era Artemidor, un griego que al principio había participado en el complot, pero ahora estaba asustado con el proyecto de sus amigos. César, pensando que ese papel contenía una súplica,[33] lo deslizó en su manga izquierda sin intentar leerlo en ese momento.

Ya en el atrio del templo, un viejo se detuvo y extendió su brazo atravesándose en su camino. Era el adivino Spurina, quien le dijo con gravedad:

—¿Adónde vas, César? ¿No te dije que te cuidaras de los idus de marzo?

—¿Y bien? ¡Ya llegaron y yo estoy aquí!

—Llegaron, pero no han pasado, César.

César no escuchó. Maquinalmente sacó de su bolsa algunas piezas de oro que hizo saltar en su mano: estaban grabadas con su

[33] Reclamación escrita que los romanos tenían por costumbre dar a los senadores y a los cónsules.

perfil. Eran una prueba más de su poder, de que era invencible.

Cuando atravesó las columnas del templo, su vista se detuvo en una escultura de bronce dorado, más grande que el natural: era él, delgado, evidentemente más joven y con toda su cabellera.

César estaba hecho de los mejores materiales: ¡indestructible! Y he aquí que Marco Antonio,[34] "el fiel entre todos", como a él le gustaba que lo llamaran, llegó a su encuentro y lo abrazó.

—¡Te acompaño, oh, César! Tendrás necesidad de mí para enfrentar a los senadores que son hostiles a ti.

Los dos hombres caminaron unos pasos juntos, pero un joven caballero se acercó, tomó el brazo de Marco Antonio de manera familiar y le dijo al oído que tenía algo urgente que comentar con él. Ese inoportuno era Domitio, uno de los sesenta

[34] Marco Antonio: fogoso general, el mejor amigo y apoyo de César.

conspiradores. El general se hizo a un lado sin preocuparse –la última muralla de César acababa de caer.

No le quedaba más que una puerta para encontrarse en la curia, delante de los trescientos senadores. De repente, se vio rodeado por un grupo muy agitado. César conocía a la mayoría de esos jóvenes. Eran republicanos que no estaban con él, pero que en ningún momento pensó que podían representar un peligro.

—¡Déjenme pasar! —dijo con altanería.

—César, debemos hablar contigo antes de que entres por esa puerta —le dijeron.

Tilio era quien acababa de pronunciar esas palabras, convenidas por los conspiradores y señal de que era momento de pasar a la acción. Para apoyar su demanda, Tilio sujetó a César por los hombros. Éste se soltó, con sorpresa manifiesta en sus rasgos severos.

—¿Qué? ¿Te atreves a tratarme con violencia?

Pero César no pudo escapar del círculo que se había cerrado alrededor de él. Los puños y los cuchillos salieron de repente de los pliegues de las togas. Fue un hombre llamado Casca quien, por atrás, le dio el primer golpe, lo que no hizo sino rasguñar la espalda del cónsul.

—¿Te atreves a golpearme, malvado? —gritó César.

Por su parte, el cónsul sacó su estilete de acero que utilizaba para escribir en las tablas de cera que se usaban en el Senado, y le dio un golpe violento a Casca en la cara. Pero ya era demasiado tarde. Las armas bajaban, volvían a subir y a caer, hiriendo por todas partes el cuerpo de César, quien gritaba, se debatía y se rehusaba a caer.

Entonces, un hombre pálido se infiltró entre los conspiradores y se colocó en la primera línea de los asesinos para atacar justo por debajo de la garganta de César. Era Bruto.

César ya había recibido veinte heridas mortales: pero, para este hombre que había reconocido con estupefacción a su agresor, fue el golpe fatal. Susurró:

—*¿Tu quoque, filli?*[35]

Repentinamente, César se quedó sin fuerza. Sólo cubrió su cara con un lienzo de su toga ensangrentada y permitió que el destino actuara en él. Los últimos golpes encontraron fácilmente el camino a su corazón. Aquél que había querido convertirse en el primer emperador de Roma por fin se derrumbaba, atravesado por veintitrés heridas.

La ironía quiso que su cuerpo se desplomara contra el zoclo de la estatua de su antiguo rival Pompeyo, que parecía sonreír con ironía petrificada, mientras a sus pies se extendía un charco de sangre.

César ha vivido.

[35] *¿Tu quoque, filli?*: "¿Tú también, hijo mío?" –la frase más célebre de toda la historia antigua de Roma.

IX
DOS AMANTES CÉLEBRES

Antonio y Cleopatra
(30 a. C.)

Mi cuerpo está tendido cómodamente sobre una cama de madera preciosa, en una recámara secreta al centro del mausoleo que hice construir dentro de mi palacio.

Estoy vestida con mi ropa más suntuosa: seda fina color púrpura, traída de China, con escamas de oro y nácar. Llevo las joyas de oro y bronce más bellas, incrustadas de diamantes y de perlas raras que los soberanos de todo el mundo me han regalado a lo largo de mi reinado. Mi frente está ceñida con la diadema de los Ptolomeo, dinastía de la que yo soy la última descendiente. Me arreglan y maquillan. Mi cara tiene el óvalo perfecto y la trato con cremas que la hacen recuperar la suavidad de la adolescencia. Cubro mis párpados cerrados con un polvo negro y malva espolvoreado de oro fino que jala mis ojos hacia las sienes.

¿No soy bella? La mujer más bella de la antigüedad, se decía.

Pero yo no hago ningún movimiento. Mi pecho altanero no se eleva. Mis dos sirvientas, Iras, la griega y Charmion, la nubia, se tienden cerca de mí, a un lado y otro de mi cama. No hacen ruido, a pesar del tumulto exterior de las armadas enemigas. Están muertas.

Yo también estoy muerta. Cleopatra Ptolomeo, soberana de los reinos del Alto y del Bajo Egipto, yo, la "Sirena del Nilo", preferí matarme a mis treinta y nueve años, ese funesto día veintinueve del mes de agosto, antes que ceder al deshonor.

¡Qué destino el mío! En verdad no puedo más que felicitarme por mi existencia, a pesar de la crueldad de los últimos días. Con frecuencia pienso –desde lo alto de los cielos eternos, allá donde el pasado, el presente y el futuro se confunden, allá donde el tiempo no existe– en la reconfortante presencia de la diosa Isis; devano sin cesar el hilo de mi vida y vuelvo a ver incluso las escenas en las que no estuve presente.

Pero escuchen solamente lo que fue la vida y la muerte de Cleopatra.

Nací en Alejandría, la más vasta, la más rica, la más maravillosa ciudad del Universo, que construyó mi ancestro lejano Ptolomeo I en honor de Alejandro el Grande.[36] En la fecha de mi nacimiento, la capital del reino de Egipto contaba con setecientos mil

[36] Alejandro el Grande: general griego que, a la cabeza de 30 000 soldados, conquistó el inmenso imperio persa entre 336 y 323 a. C. Murió a los 33 años, después de colocar las primeras piedras de Alejandría. Ahora no queda nada de esta ciudad mítica, solamente escasas descripciones.

habitantes y estaba orgullosa de poseer una de las siete maravillas del mundo: un faro hecho de mármol, de trescientos metros de altura, del que se veía la luz a cuarenta millas náuticas a la redonda. Además, los eruditos de todos los países acudían para estudiar en la Gran Biblioteca, donde estaban reunidas setecientas mil obras.

Ya se los dije: Alejandría era una completa maravilla.

Cuando murió mi padre, Ptolomeo II, como lo señalaba una milenaria costumbre egipcia, tuve que compartir el trono con mi hermano, quien se convirtió legalmente en mi esposo. Pero es útil precisar que yo no compartía nada con ese marido circunstancial –y, sobre todo, ¡no compartíamos la cama! Yo tenía dieciocho años y él, apenas diez.

Por otra parte, ese hermano-esposo estaba rodeado de consejeros que no cesaban de intrigar para eliminarme, esperando después gobernar ellos, una vez que ese pilluelo sin cerebro se instalara en el trono de Egipto. Hasta tal punto que, al llegar a mis diecinueve años, pensé que no lograría escapar por mucho tiempo del veneno o del puñal de mis enemigos.

En ese año sucedió un acontecimiento que cambió totalmente mi existencia y la de Egipto: César desembarcó en Alejandría.

Ustedes saben quién era César, ¿verdad?

Primer cónsul de Roma –esa joven ciudad de Italia cuyo poderío no cesaba de crecer–, general invencible, había conquistado las Galias y derrotó en Siria a las armadas de su rival Pompeyo. Fue entonces cuando, para reorganizar sus fuerzas, vino a lanzar el ancla con su flota en el puerto de mi ciudad.

Al principio fue recibido con todos los honores por los consejeros de mi innoble hermano, que había logrado hacerme a un lado. ¡Pero nadie puede deshacerse tan fácilmente de la gran Cleopatra! A la caída de la noche, cuando el Cónsul trabajaba en los departamentos que se pusieron a su disposición en el palacio real, un hombre se hizo anunciar discretamente, portador de un regalo que sólo debía darse a César en persona, y sin testigos.

Intrigado, el romano hizo a un lado a sus guardias y, con la mano en su espada, hizo entrar al mensajero. El regalo era un suntuoso tapete de Oriente, que el mensajero desenrolló a los pies de César. Cuando el Cónsul se dio cuenta de la verdadera naturaleza del regalo, su cara no manifestó la menor sorpresa porque yo estaba en el tapete, vestida simplemente con una prenda de color espalda de cisne que me encantaba.

—Soy Cleopatra, reina de Egipto –anuncié, levantándome–. ¿No te parece indigno de mi real persona que el único medio de llegar cerca de ti sea a través de esta astucia, aunque de hecho haya sido excelente?

César estalló en una carcajada y estuvo de acuerdo. Yo no tuve más que explicarle cuál era mi situación en mi país. Me escuchó durante casi toda la noche y decidió defenderme y, mejor aún, hacerme su aliada para reforzar su poderío militar.

¿Cómo podía resistirse ante Cleopatra? Los más grandes poetas, los más importantes escritores me han celebrado a través de los siglos.

Plutarco[37] me describía de esta manera: "Su lengua era como un instrumento musical con muchos registros, que ella utilizaba fácilmente en el idioma que deseaba. Y su conversación era tan amable que era imposible evitar tomarla..."

Y Dion Casio:[37] "Era espléndida para verla y escucharla, capaz de conquistar los corazones más resistentes al amor..."

No entraré en detalles, pero los que me escuchan habrán comprendido que supe seducir a César. ¿Acaso no estaba yo en la fresca y esplendorosa belleza de mis

[37] Poetas griegos que cantaron a Cleopatra en sus escritos, pero ¡mucho después de su muerte y sin haberla conocido!

diecinueve años? Y si el Cónsul tenía más de cincuenta, si su estómago estaba lleno y sus cabellos caían de su cabeza, ¡no representaba el poderío de Roma!

Después de haber hecho a un lado a mi hermano y a sus consejeros, César se instaló en mi palacio de Bruchion y allí permaneció durante tres años completos.

Tres años felices, a pesar de que fueron interrumpidos por una guerra corta originada por Achillas, comandante en jefe de la armada egipcia, quien tuvo la osadía de traicionarme y de sitiar Alejandría con la intención de volver a colocar a mi hermanito en el trono. Pero se tropezó con alguien mucho más fuerte que él: César en persona. El gusanillo de Ptolomeo XIII fue vencido y le cortaron la cabeza.

¡Créanme que no lo lloré! Por el contrario, derramé algunas lágrimas por la biblioteca que incendiaron durante el sitio, reduciendo todos sus valiosos pergaminos a cenizas. Contenía más tesoros que la de Siracusa, que hacía tiempo había tenido la misma suerte. La victoria también puede tener frutos amargos. Y tiene también frutos dulces. Yo traje al mundo a un hijo: Cesarión.

Después, César decidió que conociera Roma. Estaba encantada, pero no engañada: sabía muy bien que este largo periodo de inactividad había terminado por agotar al Cónsul, que igualmente estaba inquieto por haberse alejado tanto tiempo de su capital porque eso le podía costar su popularidad y su poder.

El pueblo de Roma me recibió con entusiasmo. Mi personalidad excitaba la curiosidad y, más aún, el hecho de que había conquistado al austero General. Fue el delirio cuando hice mi aparición en pleno Campo de Marte, rodeada de miles de palomas, parada sobre un carro forrado con oro y esfinges y jalado por seiscientos esclavos.

Los meses que siguieron fueron de una riqueza sin igual. ¡Roma es una ciudad bellísima! Y César nos había construido, a mi hijo y a mí, una villa espléndida en la campiña cercana a Roma. Sin embargo, debo reconocer que mi presencia cerca de él no tardó en suscitar problemas y celos. Me acusaban de presionar a César a que se nombrara emperador, para convertirme en emperatriz de Roma.

¡Naturalmente que era falso! César no tenía ninguna necesidad de mi influencia para decidir su destino.

Pero llegó ese funesto día de los idus de marzo, en el que un grupo de conspiradores asesinaron a mi amante. No tuve más remedio que regresar a Egipto. Y fue allí donde, tres años más tarde, volví a ver a Marco Antonio.

Marco Antonio había sido el lugarteniente más fiel de César. Yo no había tenido oportunidad de verlo porque había pasado muchos años en Oriente, combatiendo. Cuando regresó a Roma, después de la muerte de mi amante, surgió una guerra civil entre él y Octavio, el sucesor designado de César.

¡Podemos imaginar a Marco Antonio furioso por no haber sido elegido por el Senado! Pero los dos rivales no podían enfrentarse por mucho tiempo en tierra romana sin poner en peligro a la República. Bajo la presión del Senado y del pueblo, tuvieron que firmar una paz precaria, concretizada en la decisión de compartir la influencia romana en el mundo: Al cónsul Octavio, Italia y Europa; al cónsul Antonio, África y Oriente.

Ésa fue la razón por la que Marco Antonio llegó con su flota al puerto de Alejandría: renovar la alianza que había entre mi reino y César.

Tengo que confesar que, desde el instante en que lo vi bajar de su barco, mi corazón se puso a latir con más violencia que todos los tambores de mi fanfarria. ¡Antonio! Un gigante, un coloso, gran comedor, gran bebedor, risueño como un niño. Bello como un dios, o, al menos, como un semidios. ¿No pretendía ser descendiente de Hércules?

Era inútil callar por más tiempo la verdad: me enamoré de Marco Antonio quien, por su parte, me amaba desde que me vio. Él también olvidó sus sueños de poder y los conflictos que tenía con su rival Octavio y se instaló en Alejandría.

¡Su estancia duró seis años!

A pesar de que mi amante tuvo que ausentarse para regresar al combate en Oriente, esos años fueron consagrados principalmente a la fiesta y al amor. Traje al mundo a unos gemelos, sus hijos, una niña a quien llamé Cleopatra Selena (la Luna) y un niño a quien di por nombre Antonio Helios (el Sol).

Debido a esta felicidad, había llegado a creer que Octavio había olvidado a Antonio. Fue un grave error. El Cónsul de Occidente jamás había renunciado a extender su imperio de un lado al otro del Mediterráneo. Nos informaron que dirigía sus velas hacia Egipto, a la cabeza de una flota de cuatrocientos navíos con sesenta mil soldados a bordo.

El segundo día del mes de septiembre,[38] Antonio fue a su encuentro. Sus fuerzas, que reunían a su marina, sus legiones y las armadas de Egipto, llegaban a quinientos navíos y setenta y cinco mil guerreros. El encuentro tuvo lugar en Actium, no lejos de las costas griegas. Yo lo seguí, de lejos, a bordo de mi navío personal.

Ese día hacía un excelente tiempo. El Sol brillaba y el mar estaba en calma y sereno. Durante todo el día tuve la ilusión de creer que, gracias a la superioridad en cuanto al número, nosotros venceríamos. ¡Vaya! A medida que las nubes se ensombrecían, pude ver columnas negras de humo. Eran los navíos de Antonio que se incendiaban.

Mi amante era un caballero emérito y no había nadie como él para librar una batalla. Pero no era marino, y sin duda se dejó ablandar por demasiados años que pasó a mi lado en la dulzura de Alejan-

[38] Del año 30 a. C.

dría. Esto y aquello explica sin duda su derrota.

No tuve la valentía de asistir a la debacle. Sin saber si mi amante estaba vivo o muerto, ordené a los remeros la cadencia máxima para regresar a mi capital. Durante los días siguientes, vi llegar los restos de la flota desde lo alto de mi palacio. Antonio estaba vivo pero agobiado por la derrota y, furioso por lo que consideraba como mi deserción o quizá mi traición, se negó a verme.

Con lo que quedaba de su armada estableció su campamento no lejos de las murallas de Alejandría. Pero, como me dijeron, no era ya el mismo hombre. El valeroso General se había convertido en un hombre solitario y enojón que se refugiaba con mucha frecuencia en la bebida.

Fue entonces cuando en el horizonte se divisó que llegaba la flota de Octavio. El astuto Cónsul se había tomado todo el tiempo necesario para sanar sus heridas y reorganizar sus legiones. Quien llegaba era un vencedor y ese vencedor era mi enemigo.

En previsión de esos días sombríos, hice construir en lo alto de mi palacio una torre cuadrada, que debía ser mi mausoleo. Me encerré allí con mis dos sirvientas más fieles e hice tapiar la puerta.

Sólo debía esperar la llegada de mi destino.

Por su parte, Antonio, tan destrozado como estaba, se lanzó a la última batalla contra Octavio. Tuvo lugar no lejos de Alejandría, en pleno desierto. Pero la mayor parte de sus soldados desertó. Me reportaron que había intentado un ataque de caballería que se quebró contra las defensas de su adversario. Antonio, desamparado, le propuso un combate singular. Octavio no lo aceptó –ciertamente por el miedo de resultar vencido por ese gigante siempre temible– y se refugió detrás de sus líneas.

¿Qué hizo el invencible General de antaño? Se encerró en su tienda, en pleno

desierto, abandonado por todos y desesperado.

Desde entonces, mi vida, ya invadida por la desgracia, se hundió en la tragedia.

Un oficial, confundido por los rumores, llegó con Antonio y le dijo que yo me había quitado la vida. Es cierto que él me odiaba, pero, en el fondo, siempre me amó. Sobrevivirme debió parecerle insoportable. Tendió su espada al oficial que le había dado la falsa noticia y le imploró:

—¡Mátame, por piedad!

Horrorizado, el oficial se negó a hacerlo. Entonces, Antonio volteó el arma hacia sí mismo y la hundió en su vientre. Pero, a pesar de que perdía sangre en abundancia, sólo estaba herido. En ese instante, Diomede, mi secretario, a quien había yo mandado en su búsqueda, llegó para decirle que yo estaba viva. Presionando con sus manos la herida abierta, Antonio suplicó:

—¡No quiero morir lejos de Cleopatra! Ayúdame a encontrarla.

Diomede y algunos soldados instalaron al herido en una carreta y, haciendo fracasar la atención de los centinelas de Octavio, llegaron al pie de la torre donde yo estaba encerrada.

Como yo no quería desbloquear la puerta del mausoleo, mis sirvientas y yo, ayudadas por una cuerda, logramos izar al pobre General por una ventana. De nuevo estábamos juntos pero Antonio se estaba muriendo. Desgajé mis vestidos, ricos y preciosos, para cubrir su cuerpo. Di alaridos, imploré a los dioses, me golpee el pecho, rasguñé mi cara con mis uñas. Sollocé con mi boca junta a la suya.

—¡Antonio, oh, Antonio, mi Sol! ¡Tú te mueres y yo vivo! ¡Que las tinieblas me cubran la cara, que se extiendan para siempre sobre mi pobre reino!

Antonio cerró mi muñeca con su mano y pidió una copa de vino. Tomó un sorbo entre sus labios exangües y murmuró:

—No pierdas el valor, mi bienamada. Debes intentar todo para salvar tu vida y tu reino, pero que sea sin vergüenza ni deshonor.

Después, sus ojos se cerraron y se desplomó hacia un lado. De nuevo grité y me arranqué los cabellos a puñados.

¿Pero de qué podían servir esas lamentaciones? Una vida que los dioses tomaron, no la regresan. ¿Debía yo morir? Las últimas palabras de Antonio permanecieron en mi espíritu. Era importante que yo supiera cuáles eran las intenciones del vencedor.

Hice desbloquear la puerta y dejé partir a mis sirvientas, pero envié a una de ellas al campo de Octavio, con un mensaje en donde le decía que estaba lista para recibirlo y escuchar sus condiciones.

—¡Iras, Charmion! –les ordené enseguida–. Limpien toda esta sangre y prepárenme un baño. Después, me vestirán con mi ropa más bella –esa de sacerdotisa de Isis. Luego, deberán peinarme con mi más hermosa peluca y maquillarán mi cara. Debo recibir como reina de Egipto al nuevo primer Cónsul de Roma.

Poco tiempo después, Octavio se anunció. Lo esperaba sobre un sillón que había hecho vestir en la antecámara del mausoleo y lo encontré soberbio. Sin darle tiempo de hablar, le propuse una alianza y, como prenda, le di oro y objetos preciosos. Adorné mi discurso con algunos guiños y con sonrisas zalameras.

Octavio quedó paralizado. El nuevo amo de Roma no tenía ni la nobleza de César ni la fuerza de Marco Antonio. Era endeble y tieso, con la piel pálida, un verdadero mequetrefe a quien rápidamente juzgué de calculador como un cobrador de impuestos y frío como una culebra.

—Tus ofrecimientos no me interesan, mujer —me dijo, mirándome directamente a la cara—. Tu reino ya no existe. Ahora es simplemente una colonia romana. Como consecuencia, eres mi prisionera. Te aconsejo que te prepares. En tres días te llevaré a Roma como prueba viviente de mi victoria.

Después, dio vuelta sobre sus talones y salió sin despedirse. ¡Se atrevió a llamarme "mujer"! A sus espaldas, la puerta del mausoleo resonó como un *gong* fúnebre.

Todo estaba terminado, jugué mis últimas cartas y perdí. Pero no se dirá que mi última salida fue sin grandeza.

Después de colocar el cuerpo de Antonio en un sarcófago, escribí una segunda carta a Octavio en la que le decía que, cuando recibiera la misiva, yo ya no estaría en este mundo. Deslicé la carta entre los centinelas romanos y, a través de la puerta, les pedí que solicitaran a uno de mis servidores una canasta de higos. Me trajeron esa canasta y los soldados la dejaron pasar sin desconfiar.

Se trataba de una última astucia, planeada desde hacía muchos días. En medio de la fruta estaba escondido un áspid, serpiente con un veneno mortal. Me fui a acostar junto al cuerpo de Antonio e introduje mis manos en la canasta. Apenas me sobresalté cuando sentí el colmillo del reptil hundirse en mi muñeca. La muerte llegó poco a poco y mis últimos pensamientos fueron para Antonio. A mi lado, sosteniendo mis manos, estaban las fieles Iras y Charmion, quienes tomaron una copa de veneno y me siguieron apaciblemente en ese tránsito a la muerte.

Fue así que un Octavio furioso, quien mandó quitar la puerta después de recibir mi mensaje, me encontró tranquila, fuera de su alcance para siempre.

Enseguida, este hombre indigno se hizo llamar César Augusto. Como no cometió la falta de hacerse coronar emperador, no acaparó en sí todos los poderes. En las estatuas que lo representan, su cara proyecta nobleza y su estatura es la de un gigante. Su reinado duró cuarenta y un años. Se dice que, con Augusto, Roma nunca fue tan gloriosa, poderosa y rica.

Sin duda es verdad, ya que los historiadores así lo afirman. Pero dime, tú que me escuchas... Dos mil años después, ¿de quiénes se acuerdan más? ¿De Augusto? ¿O de la reina Cleopatra?

X
EL EMPERADOR LOCO

EL ÚLTIMO DÍA DE NERÓN
(68 D. C.)

El hombre corre por su palacio grandioso, que él mismo había nombrado "La Casa de Oro". La locura se pinta en sus rasgos flácidos, en su cara agobiada, en sus pequeños ojos azul pálido que parpadean. Las mechas rubias artificiales de la cabellera, al igual que el pelo ralo de su barba, están bañadas de sudor. En su cuello se percibe el latido de las venas. Bajo su rica túnica, bordada con oro, su vientre distendido se bambolea. Sus piernas delgaduchas parecen impotentes para sostenerlo.

Y helo ahora descendiendo los seis escalones de mármol que lo llevan a su gran salón marino, con paredes cubiertas de perlas y conchas de mar. Pasa por la sala de agua con cuatro estanques de ochenta pies de largo: el baño turco, el baño caliente, el tibio, el frío –como en las termas–. Sus pies, cubiertos con ricas sandalias[39] laqueadas de oro y con pedrería incrustada, resbalan en el borde del estanque. Tiene hipo, se tropieza y debe detenerse de una cortina púrpura que separa las dos áreas.

Su voz de falsete retenido rebota en la cavidad de las cúpulas incrustadas de mosaicos coloridos y se pierde en la profundidad de los plafones de artesón con placas de maderas exóticas.

—¡En guardia! Centinelas, servidores, generales. ¿Dónde están? ¡Vengan! ¿No hay nadie que obedezca mis órdenes? ¿Me

[39] Sandalias de lana que usaban los nobles romanos.

han dejado solo a mí, el más poderoso emperador que la Tierra ha tenido?

Pero nadie le responde.

En la Casa de Oro ya no hay nadie.

El hombrecillo regordete ronda por los jardines de su inmensa propiedad que se extiende entre dos colinas de Roma, la del Palatino y la de Esquilino. Es de noche y un viento ligero del mar mueve los árboles y levanta las hojas muertas que están en los caminos.

En el centro de los jardines se levanta una estatua colosal. Mide cerca de veinte pies de altura[40] y representa, desnudo como el dios Marte regresando de un combate, a un atleta de mirada fiera, con perfil aguileño, con mueca desdeñosa.

Esta escultura era de Nerón, emperador de Roma. En dialecto sabino, *Nerón* significa "fuerte".

Pero este término no corresponde con la imagen del pequeño hombre sudoroso

[40] Cerca de 40 metros.

de miedo que galopa por su palacio desierto. Porque se trata del mismo emperador: Nerón. ¡Qué diferencia entre esta escultura gigantesca y el ser grotesco, abandonado por todos, que busca ayuda con la voz de un muchachito que no sabe dónde está su mamá!

Estamos en el año 68. Nerón tiene sólo treinta y dos años y su reinado está en el decimocuarto año. ¿Qué pudo suceder entre su coronación, cuando sólo tenía dieciocho años, y esta noche con viento del mes de febrero que será, sin que aún lo sepa, el último día de su existencia?

Nerón inició bien su vida.

Fue hijo de Agripina, una mujer de rara belleza, descendiente del gran Augusto, e hijo adoptivo del emperador Claudio, que ya era un viejo en esta época. Claudio tenía un hijo de una esposa que ya había muerto: Británico.

¿Quién sería emperador a la muerte de Claudio? ¿Nerón o Británico? No era un secreto para nadie que Claudio prefería al hijo de su carne y no al hijo adoptivo. Pero en Roma no dudaron en emplear medios extremos.

Agripina mandó envenenar a su marido, mientras el joven Nerón, por su lado, mandó asesinar a Británico en manos de un gladiador.

Ya no había nada que pudiera oponerse a que él llegara al trono. ¡Y fue lo que hizo!

En esa época, Nerón se parecía mucho a esa estatua monumental que haría esculpir más tarde para realzar su gloria. Era un adolescente con un físico agradable, aunque ya desde esa época un poco hinchado, un deportista que nada amaba tanto como participar en las carreras de carros del Coliseo, en los encuentros de luchas en el anfiteatro y aun en los combates con gladiadores –pero, naturalmente, con espadas de madera.

Por otra parte, Nerón se creía artista. No poseía talentos verdaderos (se reían a

sus espaldas cuando tocaba la lira), cantaba, componía odas, obras y poemas. En suma, durante los primeros años de su reinado, Nerón era más amable, a pesar de que no era verdaderamente amado ¡ni por su madre! Porque la siempre seductora y temible Agripina sólo había participado en complots y había mandado asesinar para sentar a su hijo en el trono con la esperanza de gobernar en su lugar.

Y ella hacía todo por lograrlo; trataba de causar problemas, desorientar y poner nervioso al inexperto y joven Emperador.

De esta manera, había dado orden al tribuno de la guardia imperial de que adoptara esta fórmula, a guisa de palabra clave para anunciar su entrada: "Agripina es la mejor de las madres". Y cuando Nerón estaba sentado en su trono imperial y recibía a embajadores y príncipes, ella se las arreglaba siempre para reunirse con él, vestida de color púrpura, con la frente ceñida con una diadema real y rodeada de su guardia de honor.

Este tipo de manifestación irritaba de manera creciente al joven Emperador. Cuando hablaba al respecto con su madre, la terrible Agripina le decía: "Tú me debes todo, hijo mío. Poder, riqueza y gloria. ¡Trata de no olvidarlo! Si no, vas a escuchar hablar de mí."

Era una amenaza velada. De esa manera, no le quedaba a Nerón sino una solución: desembarazarse de su madre con los métodos más que probados a lo largo del tiempo.

La oportunidad se presentó en las fiestas en honor de Minerva, que se celebraban en el puerto de Baies. Cuando la ceremonia terminó, Nerón, quien se había mostrado muy atento hacia su madre, la condujo al barco que había fletado expresamente para que ella pudiera regresar a su villa de Ancio. El tiempo era agradable; había Luna llena y mar tranquilo. Sin desconfiar en ningún momento, Agripina se instaló en su cabina mientras el navío iniciaba el viaje.

Agripina fue sacada de su adormecimiento por unas sacudidas espantosas. Habían cargado las bodegas del barco con pedazos de plomo muy pesados que habían hecho hundir la quilla. Agripina, que era buena nadadora, logró llegar hasta la orilla, pero los espadachines de Nerón la esperaban. Supo de inmediato que su suerte estaba echada. Entonces, señalando el vientre que había llevado a su asesino hijo, dijo simplemente:

—Den el golpe.

Cuando Nerón fue avisado de que todo había terminado, llegó delante del cadáver y dijo la siguiente frase:

—Nunca me había dado cuenta de que tenía una madre tan bella.

Los delitos del Emperador no se detuvieron allí. A los veinte años se casó con Octavia, una joven de buena familia. A los veintiún años conoció, al ir caminando por su patio, a una joven de impresionante belleza. Se llamaba Popea. Nerón mandó asesinar a Octavia para casarse con Popea. Pero Popea era una cortesana que volvió rápidamente a sus antiguas costumbres: ver a otros hombres, e incluso hacer un poco más que sólo verlos. Nerón la mató golpeándola en el vientre, a pesar de que estaba encinta.

Nerón seguía siendo popular debido a los espectáculos que presentaba en las arenas, en los que sus soldados hacían llover sobre la multitud pasteles, frutas, dulces y en ocasiones hasta piezas de oro, malgastando de esa manera el tesoro público.

Pero para Nerón eso no era suficiente.

"Un emperador como yo –le gustaba decir a sus consejeros– merece un palacio a su medida, más grande y más bello que el más grande y bello de los templos griegos. Ese palacio debería estar en pleno centro de Roma. Pero, ¿dónde construirlo? La ciudad está sobrepoblada y ahí hay sólo casas de madera y de ladrillo. ¡Qué lástima! ¡Qué lástima!".

Entonces, en la tarde del 18 de julio del año 64, se declaró un gigantesco incendio en el corazón de la vieja villa. Permaneció durante seis días y siete noches, y cubrió a Roma con una pesada nube de humo negro. Los barrios bajos de Roma quedaron totalmente destruidos y miles de ciudadanos perecieron quemados o asfixiados.

Durante el transcurso de la catástrofe, Nerón permaneció en la punta de una torre en la colina del Esquilino, contemplando el fuego y componiendo con su lira un poema dedicado al incendio de Troya.[41]

—¡He aquí la ocasión de reconstruir una nueva Roma de oro y de mármol! —exclamó el Emperador.

La verdad obliga a decir que la única obra de oro y mármol que se apresuraron a construir fue el nuevo palacio de Nerón, la

[41] Troya: ciudad de Asia Menor conquistada por los griegos después de un largo sitio. Estos sucesos son relatados por Homero en *La Ilíada*, extenso poema escrito 600 años a. C.

Casa de Oro. Y el pueblo no contaba más que con sus brazos para construir la villa.

Pero, como nadie supo jamás la verdad, los romanos empezaron a murmurar que era muy posible que el mismo Emperador hubiera originado el tremendo incendio. ¡Era muy capaz!

Para calmarlos, Nerón pensó que sería bueno encontrar a los culpables, para lanzarlos como pastura a la multitud. ¿Por qué no los cristianos, que se decían los miembros de esa nueva religión llegada de Palestina?

Los hizo detener en masa, organizó suntuosos juegos y lanzó a los mártires a las fauces de las fieras.

El hecho de ver a hombres, mujeres, ancianos y niños, que no se podían defender, ser devorados por los tigres y los leones, aplastados por los elefantes y con el vientre abierto por toros furiosos, calmó durante algunos días al pueblo de Roma.

Después, las masacres cedieron su lugar a los juegos más tradicionales. Nerón participó en carreras de carrozas, como lo hacía en su juventud, pero ya estaba gordo y débil de las piernas. Se cayó muchas veces y fue abucheado. Cuando quería luchar, era muy evidente que los atletas lo dejaban ganar y entonces lo abucheaban más fuerte todavía. Cuando se ponía a cantar, la multitud le lanzaba pedazos de manzanas y huevos podridos.

Entonces, el emperador Nerón juzgó pertinente retirarse a Grecia, en donde tendrían lugar los juegos de Olimpia. Permaneció allí un año y medio y ganó todas las pruebas.

Pero rápidamente se supo que había comprado a sus adversarios, gastando hasta la última pieza del tesoro de Roma. Cuando volvió a su palacio, en plena noche, Vintilo, el prefecto de la guardia pretoriana, era el único que lo esperaba. Y con muy malas noticias.

—Estuviste mucho tiempo ausente, César. El procónsul de las Galias, Julio Vindex, se levantó en armas y amenaza con llegar hasta Roma. Y se dice que Galba, procónsul de España, se prepara para lo mismo.

—¿Pero, por qué? ¿Por qué? —clamó el Emperador, levantando sus brazos al cielo.

—Tú lo sabes tan bien como yo. No se han pagado los sueldos desde hace años, y las cajas del Estado están vacías. ¡Debes reaccionar! De lo contrario, perderás tu trono.

—¿Pero, por qué no soy apreciado en mi justo valor? —gemía Nerón.

Se dio unos golpes en el pecho y después, recobrándose, ordenó al prefecto que convocara para el día siguiente a todos sus generales. Al quedarse solo, fue hacia una ventana de su palacio y se apoyó en ella. La noche zumbaba de clamores. En las calles, las antorchas brillaban. El pueblo parecía estar al corriente de su regreso. ¿Debía aparecer en su balcón para hacerse aclamar? Poniendo atención a las palabras que subían de la ciudad, Nerón escuchó:

—¡Además de cantar, César, ahora vas a bailar!

—¡Terminadas las carreras de carroza, ahora vas a correr a pie!

Y también:

—¡Viva Vindex! ¡Viva Galba!

Temeroso, fue a refugiarse a la recámara más alejada detrás de una línea triple de pretorianos, su guardia personal. Esa noche no durmió.

A la mañana siguiente, para reaparecer delante de sus generales, se puso su túnica más lujosa y se colocó su corona de laureles en la que cada hoja era de oro con pedrería.

—Decidí mandar ejecutar a todos los gobernadores de la provincia y los senadores —proclamó—. De esta forma, nadie se opondrá a mí. Enseguida, iré a las Galias y a España y delante de los soldados que se levantaron en mi contra, lloraré arrepentido y cantaré un himno a mi propia grandeza, el cual compondré en el campo. Exijo que, para dar más brillo a esas expediciones, mis carpinteros emprendan la construcción de doscientos carros recubiertos de oro, que servirán para transportar la decoración de mi teatro.

Nerón hablaba y seguía hablando, sin darse cuenta de la expresión consternada que ensombrecía la cara de sus oficiales. Sin embargo, después de un momento, debió rendirse ante la evidencia: su estado mayor había salido, como se habían ido también todos los soldados de su guardia.

Y él discurría solo.

Es por todo ello que Nerón atraviesa corriendo los corredores de su inmenso palacio del que todos se han ido, dejándolo desierto.

¿Todos? No totalmente. En ese momento se dio cuenta de una sombra que se deslizaba detrás de las columnas. Espantado, Nerón reconoció a un oficial de su guardia, que estaba a punto de llenar una enorme bolsa con copas, vasos y otros objetos preciosos.

—¿Tú también abandonas a César? —dijo enojado y tomando al hombre por la manga.

—¿Es tan doloroso morir? —rió sarcásticamente el centurión, antes de huir con su botín.

El verso que había recitado pertenece a *La Eneida*, el poema de Virgilio[42] que Nerón había cantado antes de preferir sus propias composiciones. Esta cita le dio miedo. ¿Morir? Por qué no, si había llegado su hora.

Sí, pero ¿cómo morir? ¿Con veneno? Él poseía una pequeña botella, escondida en un cofre de oro. Pero Nerón había llevado a muchas personas a la muerte por medio del veneno, por lo que conocía sus terribles efectos. Horribles dolores en el vientre, vómitos. ¡No, sobre todo, no con veneno!

—¡Spiculo! ¡Spiculo! —llamaba—. ¿Quisieras darme tú el golpe fatal?

[42] Virgilio: el más grande poeta latino, que vivió un siglo antes que Nerón.

Spiculo era un gladiador liberado con quien Nerón practicaba con armas débiles en la arena.

Pero Spiculo no respondía. Él también lo había abandonado. ¿Entonces? ¿Lanzarse al Tíber, del que las oleadas resuenan justo bajo las murallas del palacio? No, no, este fin le recordaría demasiado a su madre, Agripina. Y esos ruidos afuera, ¿de qué se trata? Se podría decir que son jinetes que se acercan.

Jadeante, con la frente cubierta de sudor, Nerón detuvo su caminata en uno de los salones de recepción. En ese momento apareció Epafrodita, su fiel servidor. Por lo menos él no había huido.

—Ten cuidado —le dijo Epafrodita—. El Senado envió soldados a buscarte. Parece que te quieren reservar el castigo de los ancianos.

—¿Cuál es ese castigo? Recuérdamelo, por favor.

—Serás desvestido, tu cabeza pasará por una horca y te golpearan con un fuete hasta que llegue la muerte.

—¡No! ¡Eso no! —se lamentaba Nerón.

Y comenzó a arrancarse los cabellos, se tiró al suelo, se cubrió la cara con cenizas de una cazuela de sacrificios que había retirado de un altar. Finalmente, sacó un puñal de un cofre y probó la punta con el pulgar.

—¿Crees que llegó la hora, de verdad? —intentó todavía argumentar con la voz temblorosa.

Ante la cara grave de Epafrodita, hundió la lámina algunos centímetros en su garganta. Su sangre comenzó a correr. Gesticuló. Eso dolía demasiado.

—¡Ayúdame! —gemía.

Con un gesto vivo, el viejo esclavo hundió el puñal hasta la empuñadura. Nerón se sobresaltó, le dio hipo y se desplomó.

—¡Qué artista muere al morir yo! —tuvo el tiempo de sollozar.

Después, cesó de agitarse, ya no se movía. Esta vez, Nerón estaba muerto. En ese momento, los soldados enviados por el Senado irrumpieron en el palacio. El centurión al mando del destacamento se lanzó sobre el cuerpo extendido en el suelo. El oficial hizo una mueca y levantó los hombros.

—Llegamos demasiado tarde —refunfuñó—. Se acabó. Pero, por los dioses ¡es todavía más feo muerto que vivo!

Ésa fue la oración fúnebre de Nerón, a quien sus sucesores nombraron "El Emperador Loco".

XI
EL ÚLTIMO DÍA DE POMPEYA

UN RELATO DE PLINIO EL JOVEN
(24 DE AGOSTO DEL AÑO 79 D. C.)

Yo, Plinio Cecilio Segundo —dijo Plinio el Joven—, he decidido contarles la experiencia más terrible, la más terrorífica de mi vida: la erupción del Vesubio.

Pero antes quisiera presentarme de manera más completa. Heredé ese nombre, Plinio el Joven, para que no me confundan con mi tío y padre por adopción, llamado Gayo Plinio.

Gayo es..., perdón, era un hombre célebre, más célebre de lo que yo no lo seré jamás, a pesar de que puedo presumir de cierta reputación como filósofo y escritor.[43] Fue un gran viajero, un gran sabio, a quien le debemos una *Historia Natural* que hizo época. Los últimos días de su vida, el emperador Trajano[44] había nombrado a mi tío como almirante en jefe de la escuadra del Mediterráneo, en correo enviado.

Los acontecimientos que me propongo contar se desarrollaron principalmente el noveno día antes de las calendas de septiembre. Entonces, yo apenas tenía dieciocho años. En esa época me encontraba cerca de Pompeya en compañía de mi tío, en Misena, puerto en donde encallaba la flota de guerra. Fue al amanecer de ese día funesto cuando mi madre adoptiva, enloquecida, nos despertó a los dos para llevarnos a la terraza de su villa.

[43] Plinio el Joven (62-114) es conocido principalmente por su correspondencia con el emperador Trajano, reinado en el que fue un alto funcionario.

[44] Trajano: uno de los más grandes emperadores romanos (97-117), conocido por sus conquistas y la reorganización de la armada.

—¡Esposo mío! ¡Hijo mío! ¡Observen lo que está pasando!

Y señalaba, lejos, hacia el Sur, el cráter cónico del Vesubio que se elevaba en las brumas de la mañana.

Debo precisar que el Vesubio es el único volcán activo en la península. Anteriormente, nuestros ancestros imaginaban que este volcán ¡comunicaba los fuegos de la Tierra con los dominios de Plutón, dios de los infiernos! Nosotros, romanos del imperio, rechazábamos desde hacía tiempo este tipo de supersticiones. Sin embargo, el espectáculo que nos ofrecía el Vesubio en esta serena mañana estremeció mi joven alma.

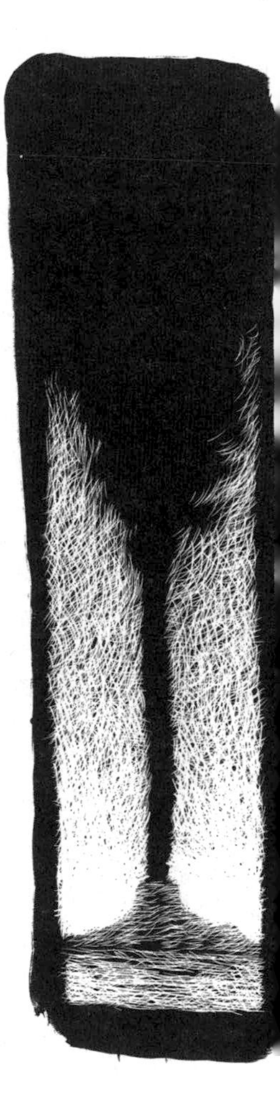

En ocasiones, el cráter del volcán se veía rodeado por una perezosa corona de humo blanco. La mayor parte del tiempo no se podía ver nada. Mas en ese inicio del día, una pesada nube gris subía derecho hacia el cielo, ensanchando en altitud como la corona de un pino real. Aun a gran distancia –unas veinte millas náuticas siguiendo la ligera curva de la costa–, podía distinguirse una especie de irisación en la atmósfera alrededor de la parte alta del cráter.

—¿Qué es eso? —le pregunté a mi tío.

—¡Cenizas! ¡Una lluvia de cenizas! Cecilio, estamos viendo el inicio de una erupción de gran envergadura. Con tal que...

El almirante se detuvo. Me di cuenta de que un pliegue de preocupación se marcó en su frente. Su mano derecha acariciaba su poblada barba. Se sobresaltó cuando su esposa jaloneó la manga de su túnica.

—La villa de Pomponiato y su familia, queridos amigos, está en Herculaneo, justo debajo del volcán. ¿Crees que estén en peligro?

Mi tío movió sus robustas espaldas.

—Tú sabes, como yo, que hace diecisiete años un fuerte temblor destruyó muchas villas alrededor.[45] Esta fuerte lección volvió prudentes incluso a los ciudadanos más atrevidos. Estoy seguro de que desde

[45] En el año 62.

las primeras fumarolas y los primeros movimientos, la gente de Estabias, como los de Pompeya, salieron de sus casas para ponerse a salvo. Sin embargo...

De nuevo, Gayo Plinio sacudió su cuerpo como si fuera un perro mojado.

—¿Sí? —murmuró esta mujer dulce y tímida quien, después de la muerte de mis padres, me adoptó como hijo.

—Voy a fletar una galera para que me lleve cerca de los lugares del sismo. Un sabio como yo no puede dejar pasar una ocasión como ésta.

Sonreí. Conocía bien a mi tío, siempre dispuesto a entusiasmarse por la posibilidad de añadir un capítulo a su *Historia Natural*. En este momento, el término "entusiasmado" no podía ser más adecuado. Dejé de sonreír cuando el almirante se volvió hacia mí.

—¿Me acompañas, Cecilio?

No dudé más de lo que dura un latido del corazón antes de asentir.

La escuadra estaba en el puerto, a un cuarto de milla de la villa, y estuvimos listos en menos de una hora. El almirante había decidido embarcarse a bordo de una galera liburniana, que eran cruceros ligeros con dos filas de remeros que usualmente se emplean para cazar piratas.

Debo confesarles que, cerca de la barandilla, yo no me sentía a mis anchas. No soy marino, y ya un poco mar adentro, las aguas estaban muy agitadas. El penacho que coronaba el volcán se había alargado y se había vuelto negro como la tinta de jibia. De repente, y a intervalos irregulares, estallaban relámpagos en la fumarola. Ya no me extraña que los antiguos hubieran imaginado la fragua de un dios en el corazón de esta montaña furiosa.

Los marinos gritaban. El ritmo del tambor que daba cadencia a los remeros se aceleró bruscamente. ¡Bum, bum, bum! La galera, que se había apartado a lo largo a causa de una ola rompiente, estaba a punto de regresar hacia la costa.

Di un grito: acababa de sentir una quemadura picante en el brazo. Me froté, pero un polvo ennegrecido se extendió sobre mi piel. El ambiente se había oscurecido totalmente y llovía ceniza caliente.

Me envolví el cuerpo y la cabeza con una vieja colcha húmeda que había recogido en el puerto. Alrededor de mí, los marinos y los legionarios hacían lo mismo. Un golpe sonó cerca de mí, seguido de otros más. Ahora se trataba de piedras pómez, piedras negras lanzadas por el volcán que empezaron a caer como granizo sobre el navío. Esta vez, tuve que correr a resguardarme bajo el tejadillo de la cabina de navegación. En muchos lugares, el puente y las bordas empezaban a echar humo. Los marinos corrían para todos lados, apagando esos inicios de incendio con cubetas de agua del mar.

En medio de este pánico, el único que había conservado la sangre fría era el almirante. De pie, al lado de la barandilla, mantenía la mirada fija en la costa a la que nos acercábamos, casi invisible en la lluvia cerrada de ceniza. Escuché al maestre que le decía:

—¿No tendríamos que virar por la borda, almirante?

—¡La fuerza sonríe a los audaces! —le contestó mi tío—. Haz rumbo hacia la casa de Pomponiato. Tenemos gente que salvar.

Admiré su valentía. En ese verano trágico, Gayo Plinio, aunque todavía robusto, tenía cincuenta y seis años –lo que me parecía una edad demasiado avanzada para afrontar una aventura como ésta–. Me volví a reunir con él, mientras que, sin importarle las olas encrespadas, dirigía con mano de maestro su navío hacia la orilla.

Llegamos a la costa. Mi tío, algunos hombres de equipaje y yo pusimos pie en tierra después de haber chapoteado con el mar hasta la cintura y con las olas que rompían.

Bajo el cielo de peces me apenó mucho reconocer a Estabias, la pequeña ciudad balneario en la que numerosos romanos ricos habían construido sus casas. La ciudad que yo había conocido, blanca y rosa, ahora tenía un color uniformemente gris de cenizas pegajosas.

Un hombre se lanzó a los brazos del almirante. Era su amigo Pomponiato, lívido y despeinado. Dispersas en la playa erraban varias decenas de personas, hombres, mujeres y niños, que llevaban algo de ropa y víveres; los miembros de su familia, sus servidores, y ciertamente los habitantes de las villas vecinas.

—¡¡Ah!! Gayo, Gayo… —no dejaba de balbucear el viejo.

—No te preocupes, ya estamos aquí. Podrás embarcar con los tuyos y esperar a que cese esta tormenta.

Mi tío sufrió un acceso de tos que lo dobló. Yo también me puse a toser, con los pulmones afectados por el humo. El aire estaba viciado con una acidez extraña. “Gases salidos de las entrañas de la tierra y lanzados por el volcán” –pensaba. Me cubrí otra vez con la manta que no había abandonado, tratando de respirar pequeñas bocanadas de aire.

El almirante, que dirigía a los afectados hacia el navío, permanecía con la cabeza destapada. Me parecía verlo anormalmente pálido. Lo escuché solicitar a un esclavo agua para beber, y éste le trajo una cantimplora. No me atreví a hacerle ningún comentario. Por otra parte, pensaba en mi amigo Marcilo Galba, que yo sabía que estaba en Pompeya. Quedé muy preocupado.

—¡Tío! —grité en el estruendo que hacía vibrar la atmósfera—, te quiero pedir un favor. Mientras tratas de colocar a estas personas a bordo, ¿podría intentar llegar a Pompeya? Tengo allí a un compañero, y...

Gayo me hizo simplemente un signo aprobatorio con la mano. Corrí hacia un caballo que un mozo de caballeriza sostenía por la brida a poca distancia de allí. El caballo, un pura sangre árabe blanco y café, estaba inquieto, nervioso. Logré montarlo, no sin problemas, y a pesar de los frecuentes intentos que hizo para desmontarme lanzando coces, pude controlarlo. Era y continuaba siendo buen jinete.

Seguí la costa y comencé a cabalgar hacia el Sur. Estaba lejos el mediodía, por lo que la oscuridad era parecida a la de la noche. En medio de esa penumbra, largas columnas de fuego anaranjado serpenteaban delante de mí entre el cielo y la tierra: la lava estaba a punto de desbordar el cráter.

Apresuré al caballo. Estaba muy inquieto pero, extrañamente, todo mi miedo desapareció. No me cabía ninguna duda de que el espectáculo que me esperaba era el peor de todos los que había experimentado hasta entonces.

En el curso de la historia de Roma, cuatro ciudades se habían desarrollado en el valle de Campaña, espaciadas de manera regular alrededor de los flancos del Vesubio: Sorrento, Herculano, Estabias y Pompeya. Esta última era la más próspera, la más grande, la más poblada –veinte mil habitantes de acuerdo con los datos del último censo imperial.

Pompeya tenía un foro, numerosos templos, un hipódromo, un anfiteatro y un cuartel de gladiadores. Los campesinos cultivaban viñedos a media altura del volcán. Producían un vino famoso, porque la tierra, mezclada con las cenizas de erupciones antiguas, era más rica.

A medida que me aproximaba, me invadieron presentimientos sombríos; tan sombríos como las nubes de ceniza en medio de las que iba cabalgando. Estabias quedaba aproximadamente a cinco millas de Pompeya, a menos de una hora de trote de mi reacio caballo. En mi camino me crucé con personas que huían, unos a pie y otros en carrozas jaladas por mulas. En sus caras ennegrecidas sólo podía ver desesperanza. Pero, al menos –pensaba– ellos pudieron huir a tiempo.

Mi relativo optimismo se desmoronó cuando comencé a ver los primeros cadáveres. Conté decenas de ellos que tapizaban la orilla del mar, camino en el que cada vez me era más difícil cabalgar debido a lo denso de la multitud. Los cuerpos ya estaban cubiertos de esa ceniza que no dejaba de caer, a tal punto que esos cadáveres no parecían humanos, sino esculturas de arcilla mal hechas.

Volví a toser y de repente comprendí que todas esas personas habían muerto asfixiadas, así que envolví mi cara con la vieja manta.

Mi caballo se encabritó cuando una carreta que tenía los ejes rotos se lanzó contra mí y tiró su contenido de seres humanos, muebles y objetos irrisorios sobre el piso de ceniza. Un poco más lejos, muchas familias intentaban huir por el mar, a bordo de barcas; por su estado, muchas de ellas se hundieron ante mis ojos.

Bajo un cielo tan lívido como el vientre liso de una serpiente, logré llegar a las murallas de la ciudad. Había tanta gente delante de las murallas que preferí amarrar mi caballo y entrar a pie. Sentí que la tierra temblaba bajo mis suelas. Un calor muy fuerte subía de las pequeñas hendiduras que se abrían en el suelo, de las que salían chorros de vapor silbante.

Del pico del Vesubio, oscurecido por volutas de ceniza, brotaban relámpagos enormes, no sólo anaranjados como el fuego sino de todos los colores del arco iris. No pude sino preocuparme por sentir que este espectáculo era de alguna manera muy bello –de una belleza terrible, pero belleza al fin...

Una multitud gimiente no cesaba de retroceder por las callejuelas donde las fachadas agrietadas caían una tras otra. ¿Dónde podría estar mi amigo Marcilio en este infierno? Vivía con su hermana en una pequeña calle cercana al Foro. ¿Llegaría a encontrarlo? Resuelto, me abrí paso a codazos y atravesé la Puerta de Herculano. Pero apenas había dado algunos pasos cuando una sacudida más fuerte que las anteriores tiró el gran arco del pórtico, el cual se rompió a mis espaldas, sepultando a algunos desgraciados más.

Avanzaba con la ceniza hasta las rodillas. A pesar de la manta que cubría mi cara, no podía respirar sin toser. Mis ojos lagrimeaban y sentía que mi espíritu se ensombrecía. Una familia completa chocó contra mí en su huida. La madre, despeinada y gris de ceniza, tenía en sus brazos a dos pequeños que no cesaban de llorar. Un esclavo levantó una plancha para proteger eficazmente a sus amos de la caída continua de piedras. La mujer cayó primero, por agotamiento o por sofocación. En un gesto pueril abrazó a sus hijos contra ella, lo que hizo que quedaran sepultados un poco más en la ceniza. El esclavo y el padre intentaron socorrerlos, pero en ese instante una fachada cayó sobre ellos.

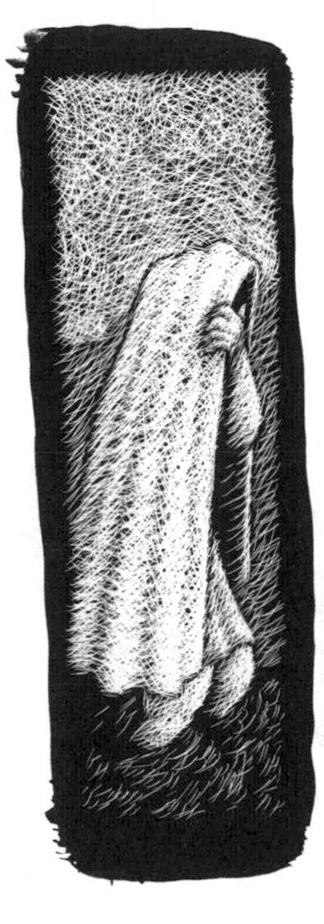

Me acerqué a un muro que todavía estaba en pie. No dejaba de llorar, sin saber si mis lágrimas eran ocasionadas por el miedo o por los gases. Seguramente por las dos cosas. Sin duda alguna habría perdido el conocimiento y, como consecuencia, habría muerto, si algunos piquetes que me quemaron los brazos y piernas no me hubieran sacado de mi entorpecimiento. Una lluvia caliente empezó a caer del cielo oscuro, y cada vez era más fuerte. Bajo este chaparrón, la ceniza que llenaba las calles se convirtió en lodo.

Retrocedí. Cada paso en ese lodo reclamaba un esfuerzo insoportable de todos mis músculos. Marcilio estaba cerca de huir, o quizá ya estaba muerto, me dije cobardemente, sin duda. Pero, en un caso como en otro, yo no podía hacer nada. Entonces huí, tropezando con formas que quedaron atrapadas bajo el lodo que endurecía.

No supe cómo logré llegar hasta mi caballo, que relinchaba y se debatía, pero que afortunadamente no pudo romper sus ataduras. Me monté en la silla, le di unos golpes con la fusta y, bajo el chaparrón hirviente y el bombardeo de piedras celestes, comencé a galopar a lo largo de la costa batida por las furiosas olas.

Ya debía ser tarde cuando llegué a vislumbrar Estabias. Pero, a la hora que haya sido, la penumbra era siempre como la que se ve en un crepúsculo invernal. En esta casi oscuridad, la pequeña ciudad me pareció tan destruida como Pompeya. Aquí también, la lava y las cenizas habían cubierto todo, y sólo se veían ruinas.

Sin embargo, había algo que me pareció milagroso: la casa de Pomponiato estaba en pie, separada del resto de la ciudad por una corriente larga de lava dura que la protegía. Estaba seguro de que habían evacuado la propiedad cuando, al penetrar en el patio interior, me encontré frente a frente con el dueño del lugar. Para protegerse de las escorias, Pomponiato había amarrado una almohada sobre su cabeza calva, lo que me dio risa, a pesar de que el momento no era como para reírse.

—¿Qué haces aquí? —le grité, con seriedad. Estaba seguro de que todos se habían ido en el barco de mi tío…

—¡Caramba!, la furia de las olas nos lo impidió porque el capitán no quiso hacerse a la mar sin Gayo para dirigirlo. No quiero alarmarte, joven Plinio, pero tu tío rebasó sus fuerzas. Respiró demasiado gas. Y cada vez está peor…

Le pedí que me llevara a la recámara donde descansaba el almirante; la angustia invadía mi corazón. Mi padre adoptivo respiraba con dificultad, tendido sobre una cama, pálido como el lino. Le tomé las manos y, por un momento, pareció que me reconocía.

—¡Ah, hijo mío! —murmuró.

Después, nuevamente, sólo se escuchaba su estertor en la recámara.

Toda la noche permanecí a la cabecera, al lado de este hombre a quien amaba más que a nadie en el mundo. En muchas ocasiones pidió agua. En la luz brumosa de la mañana que apenas agujeraba las volutas cenicientas, me di cuenta de que su cara tenía ya la inmovilidad de la piedra. Sus rasgos eran los de un yaciente tranquilo.

Permanecí tres días en Estabias mientras que, poco a poco, los elementos se fueron calmando. Terminó la proyección de piedras y cenizas, y las llamas que coronaban el volcán se apagaron. Sólo el penacho de fumarolas que el cráter despedazado vomitaba perduró durante algunas semanas más.

En lo sucesivo, alrededor de la montaña maldita no había más que desolación. ¿Cuántas personas habrán muerto? Miles y miles; más de las que podríamos contar, porque muchas de ellas estaban sepultadas bajo metros de cenizas o de lava endurecida.

Movilicé toda mi energía para ayudar a los sobrevivientes que no habían logrado huir. Al finalizar el tercer día, con el mar ya en calma, el barco de Misena pudo hacerse a la mar. Al fin, el cuerpo de mi tío pudo repatriarse a Roma, a bordo de una trirreme imperial, en donde los caminos no eran todavía seguros.

El emperador Trajano organizó los funerales grandiosos para su almirante. Y después, poco a poco, se fue olvidando la catástrofe.

Yo regresé al lugar de la erupción durante la primavera siguiente, con el objetivo de tomar algunas notas para una obra en la que relataría esos tres días de terror.[46] Bajo un cielo límpido, nuevamente el Vesubio no era más que un cono de tierra casi negro. Una marea de lava petrificada había recubierto varias millas a la redonda, que en un tiempo cercano había sido un campo alegre, plantado de viñedos y olivos. Las ruinas dispersas de Estabias y de Herculano emergían de esta costra...

Durante mucho tiempo, cabalgando, busqué los restos de Pompeya. No encontré ninguno. Pompeya había sido borrada casi completamente del mapa, como si no hubiera existido jamás.[47]

[46] Plinio el Joven efectivamente hizo un relato detallado de la erupción del Vesubio. La historia que acabas de leer está inspirada en esta obra.

[47] Es muy cierto que durante toda la Edad Media aun el nombre de la ciudad fue olvidado. El redescubrimiento de Pompeya, gracias a las primeras excavaciones, tuvo lugar hasta el siglo XVII.

XII
UN SOLDADO CRISTIANO

EL MARTIRIO DE SAN SEBASTIÁN
(303 D. C.)

En la noche surgieron sombras furtivas y silenciosas. Todos llevaban la cara encapuchada, por lo que era difícil saber si se trataba de hombres o de mujeres, de romanos jóvenes o de viejos, de artesanos pobres o de comerciantes acomodados...

Cada una de esas sombras, en todo caso, parecía bastante ansiosa y poco deseosa de ser notada. Caminaban al ras del muro, se escondían en lo incógnito de un pórtico o en el ángulo de un edificio y se regresaban algunos pasos para estar seguros de que nadie los seguía. Entonces, bajo el borde de las capuchas brillaban, fugitivas, sus miradas inquietas.

¿Hacia dónde se dirigen estas personas a esa hora en que las boticas ya cerraron sus postigos de madera?, ¿esa hora tardía en la que no se encuentran más que merodeadores al acecho para dar un mal golpe, o algunas raras patrullas con soldados? Aquí las casas son bajas y las calles estrechas. Estamos lejos del centro glorioso de Roma, lejos del monte Palatino, del Coliseo, de los suntuosos jardines de César instalados al borde del Tíber. Se trata del barrio de la Puerta del Cielo, donde se localiza el cuartel de los gladiadores. Es un barrio populoso que hace unos años se quemó totalmente, cuando hubo un incendio gigante que redujo a nada dos tercios de la capital imperial.

¿Quiénes habían ocasionado el fuego? El rumor público pretendió hacer creer que habían sido los cristianos, lo que había resultado, por instigación del emperador

Nerón, en la primera oleada de aquello a lo que se le dio rápidamente el nombre de persecuciones de miles de inocentes que fueron lanzados a los leones del circo, con el único pretexto de su pertenencia a una religión nueva e incomprendida... Debido a ella fueron sujetos de los peores horrores: antropofagia, sacrificios humanos y otras estupideces.

Pero no es debido a las siluetas apresuradas que caminan por la sombra de las calles nocturnas que nos harán creer eso. El robusto carpintero Horacio Nerva, así como la fiel sirvienta Octavia o el joven Corvino saben bien que los cristianos de esa época lejana eran inocentes. Sabían que esa religión era portadora de paz y amor, y que el responsable del incendio de Roma fue probablemente el mismo Nerón, en su locura.

¿Cómo podían estar tan seguros? ¡Porque todos y todas eran cristianos!

El primero, Nerva, llegó a una puerta disimulada por un pórtico, en cuyo hueco brillaba el resplandor tranquilizador de una antorcha.

—Vengan, hermanos, vengan —murmuró una voz.

La puerta se abrió de par en par. Un hombre barbudo, vestido con una amplia capa blanca de lana, se hizo a un lado para dejar entrar al carpintero seguido de Octavia, Corvino y de otros más como el maestro fraguador Marsala, la vieja Pomponia e incluso Rollo, el gladiador etíope; todos aquellos a los que se les vio deslizándose en las callejuelas desiertas para llegar a este lugar en el que se llevará a cabo una junta secreta.

Unos después de otros, ahora descienden hacia un lugar que parece ser el centro de la Tierra, a través de túneles bajos tallados en las rocas. El lugar, que estaba iluminado por algunas antorchas fijas a las paredes húmedas, se sentía mohoso, húmedo, con agua estancada.

Estamos aquí en las catacumbas, esos subterráneos construidos pacientemente entre las alcantarillas, que servían a los cristianos tanto de cementerio como de capilla. Ahí se reunían y se escondían porque las persecuciones habían comenzado otra vez. Esta vez, el responsable era el emperador Diocleciano, quien subió al trono en el año 284. Se sentía hijo de Júpiter, por lo que no podía tolerar la existencia de una religión que amenazaba el dogma oficial.[48]

La orden de reiniciar las persecuciones había sido dada al menos seis meses antes, el 23 de febrero del año 303, durante las fiestas Terminales que celebran el fin del invierno. Ese día, bandas de soldados a sueldo del Emperador asaltaron e incendiaron la iglesia de Nicomeda, que era una pequeña capilla construida en memoria de un mártir.

Después, todo fue muy rápido. El Emperador firmó centenas de leyes que prohibían a los cristianos la mayoría de las reuniones, y después comenzó la cacería de hombres.

[48] Dogma: creencia.

La multitud de cristianos provenientes de todos los barrios estaba reunida en una sala con techo de bóveda sostenido por arcos de madera. Un pobre altar de ladrillo con una cruz ocupaba el fondo de la sala. En una placa de granito estaba torpemente grabada la imagen de un pescado.[49]

Los fieles se arrodillaron alrededor del altar, a pesar del suelo fangoso. El viejo con la túnica de lana blanca extendió los brazos. Su nombre era Simónides. Era de Grecia, donde escondió de ciudad en ciudad los evangelios que cuentan la vida de Jesús, profeta crucificado hacía muchos años por los romanos pero cuya enseñanza no ha dejado de extenderse a lo largo del mundo.

—Escuchen la palabra de Jesús, hijo del único Dios, quien sacrificó por nosotros su vida en esta Tierra —comenzó diciendo

[49] Pescado: símbolo con el que se reconocían entre sí los cristianos. Las iniciales de la palabra griega que significa "pescado" se traducen como: Jesucristo, hijo de Dios salvador.

el sacerdote—. Él nos dijo: aquéllos que hayan abandonado todos sus bienes materiales tendrán la vida eterna. Felices los limpios de corazón, porque ellos verán a Dios...

El viejo se interrumpió. En el fondo de la sala se levantó una algarabía producida por pasos rápidos y por cuchicheos. Un hombre alto caminó entre la multitud con paso decidido. Simónides hizo un gesto de preocupación: entre los pliegues de la enorme capa púrpura que cubría las espaldas del recién llegado relucía el bronce de una coraza. ¿Un soldado, aquí?

El sacerdote dejó escapar un suspiro de tranquilidad al reconocer el nombre que iba de boca en boca.

—¡Sebastián! ¡Es Sebastián de Narbona!

Quien así se llamaba llegó delante del altar.

—Siento mucho interrumpir la ceremonia, Simónides. Acabo de enterarme por uno de los nuestros que te han denunciado.

El prefecto Manlio llega con toda su gente. ¡Huye por los subterráneos antes de que sea demasiado tarde!

Sebastián habló alto y fuerte. Todos lo escucharon y de inmediato surgió el pánico. Nerva, Marsala, Corvino, Octavia, todos los fieles se levantaron en desorden y se atropellaron para entrar en una pequeña abertura que estaba en la pared, detrás del altar. En menos de un minuto, la sala quedó vacía. Sólo Simónides dudaba.

—¿Vendrás tú, Sebastián? No te puedes arriesgar a que te atrapen. ¡Tu presencia como oficial dentro de la armada romana nos es muy útil!

—Tranquilízate, voy a ser todavía útil —pronunció el oficial con tono sereno—. Por el momento, apresúrate a ir con tus fieles.

El oficial empujó al sacerdote hacia el estrecho agujero que se hundía en la tierra. Después, tensó los músculos y se lanzó contra el altar. Su frente quedó cubierta de sudor, sus venas mostraron un relieve azul en sus sienes y en el cuello. Pero Sebastián era fuerte y su fuerza se multiplicó por la fe. El bloque de ladrillos cayó al suelo y se pegó en la pared. En un instante, la apertura en la roca no se veía; nadie podría perseguir a los cristianos.

Sebastián se arregló y enjugó el sudor de la cara con el dorso de la mano. Siempre sonreía. Era un hombre alto y su cara proyectaba una verdadera luz interior. Sus ojos eran de color azul intenso y su cabello era castaño claro. Se murmuraba que numerosas mujeres de la nobleza se habrían lanzado gustosas a sus brazos. Pero para él sólo contaban su fe y lo que estimaba que era su deber.

Sebastián de Narbona debe su sobrenombre a la pequeña ciudad de Galia donde nació. A los diecisiete años se enroló en la legión, donde fue conocido rápidamente por su valentía en los combates contra los celtas. También se le dio el mando de una tropa de arqueros marroquíes, quienes eran temibles mercenarios. ¿Cómo se convirtió al cristianismo? Es un misterio.

Algunos dicen que, después de un combate en Oriente, fue protegido por un enemigo persa que hubiera podido matarlo, pero, por el contrario, lanzó su espada y declaró: "Soy cristiano, y nos está prohibido matar."

Quizá esto no es más que una leyenda. Sea lo que sea, Sebastián se convirtió en un oficial cristiano. Bajo el reinado del emperador de entonces, el tolerante Maximino, ser cristiano no era un problema. Después subió Diocleciano y su primer decreto, entre muchos, fue sacar a los cristianos de la armada. Sin embargo, Sebastián, debido a sus importantes logros con las armas y a su popularidad, no fue excluido de inmediato –aunque le retiraron el comando de los arqueros.

La prudencia habría indicado que dejara Roma pero, gracias a su posición privilegiada, pudo, durante algunos meses, prevenir a sus hermanos cada vez que sabía que estaban en peligro. Como esta noche de agosto, en las catacumbas del barrio del Cielo.

Y he aquí que fuertes pasos resonaron en los túneles, acompañados de gritos dando órdenes y de tintineo de metal. Una horda de soldados irrumpió en la sala. Eran robustos mercenarios germanos con trenzas y bigotes largos, que adoraban las divinidades guerreras y entre los cuales nadie se arriesgaba a ser cristiano. Eran comandados por Manlio en persona, el prefecto de la guardia, hombre cruel, devoto del Emperador y quien no soportaba a los adeptos de la nueva religión.

—¡Nadie! ¡Se volvieron a escapar! —gritó.

Manlio retrocedió mientras observó a Sebastián que salía de la sombra donde estaba escondido.

—¡Tú! ¡Otra vez tú! —dijo con rabia el prefecto—. Has dejado escapar a tus amigos cristianos. ¡Has traicionado una vez más la confianza del Emperador! ¡Te detengo! ¡Arréstenlo!

Manlio se retiró prudentemente mientras Sebastián sacaba su espada de la funda, pero solamente para dejarla caer al suelo. En ese momento, múltiples manos se lanzan sobre él, y él simplemente se contentó con murmurar:

—Haz tu deber, Manlio, ya que lo crees justo.

Más tarde, en el palacio del Emperador, Diocleciano caminaba a grandes zancadas, con las manos a la espalda. Su manto negro se arrastraba por el suelo. Era un hombre de talla pequeña, con cuello de toro, de frente baja y piel rojiza, cabello enmarañado y barba negra, meticulosamente arreglada.

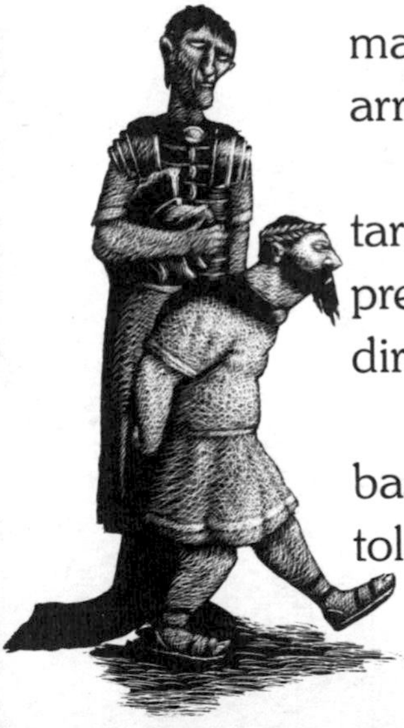

Interrumpió ese va y viene para plantarse delante del prefecto de su guardia pretoriana quien, impasible, esperaba las directrices de su Emperador.

—¡Has detenido a ese traidor de Sebastián, Manlio! ¡Está bien, está bien! He tolerado por mucho tiempo su presencia en mis filas. Pero ahora hay un problema: ¿qué hacemos con él? ¿Un proceso público? Sebastián es popular y anunciar su arresto no será una buena decisión. ¿Lanzarlo a la arena? Nos arriesgaríamos a un tumulto... ¡Dime qué hacer, Manlio, dímelo!

—Queda una solución, César Augusto —mascullό el prefecto—. Deshacernos rápida y discretamente de este cristiano.

—Tienes razón, como siempre, tienes razón, fiel Manlio. Entonces, aquí están mis órdenes. El alba no tardará en salir, ¿verdad? Corre y saca a Sebastián de su celda y llévalo a un lugar seguro fuera de Roma, pero ten cuidado de que el pueblo no te vea. Te doy toda mi confianza para que actúes de acuerdo con los mejores intereses del Imperio.

El Emperador hizo simplemente un gesto de despedida. Manlio se acomodó su casco y salió a grandes zancadas, mientras su capa negra volaba detrás de él como ala de cuervo.

Una larga fila de hombres armados caminaba por la campiña romana. El Sol acababa de aparecer por encima de las colinas. Sus rayos de oro puro inundaban con una luz límpida los prados en la pendiente, los campos cultivados y los bosquecillos quemados por el verano. Se anunciaba un día muy bello, pero el calor iba a ser como una hoguera.

Las murallas de la ciudad imperial –también doradas por la luz– y los múltiples domos de los palacios y de los templos son todavía visibles en la espalda de los caminantes. Todos eran soldados. La mitad de la tropa estaba formada por los mercenarios germanos, quienes el día anterior habían invadido en vano las catacumbas. La otra mitad estaba compuesta por guerreros con aspecto feroz, con el torso desnudo y que llevaban un casco de cuero. Su brazo izquierdo estaba protegido por una funda de finas mallas y por la espalda les colgaba una aljaba labrada tipo oriental: eran los famosos arqueros marroquíes que Sebastián comandaba no hacía mucho tiempo atrás.

El oficial cristiano había sido despojado de su coraza y de su equipo. Vestía una simple túnica color marrón; sus puños y tobillos estaban encadenados, lo que hacía que su caminar fuera tranquilo como si estuviera en un paseo agradable. Decía:

—¿Escuchas los pájaros? Hoy cantan con gran alegría.

Y también:

—¿Te has percatado cómo este año los olivos están llenos de frutos?

Entonces, un germano, cansado, tropezó a su lado. Sebastián lo tomó del brazo y le dijo tranquilamente:

—Vamos amigo, ten coraje, llegaremos pronto al final del camino.

Manlio, que conducía al grupo, escuchó esas palabras y dio la orden a su tropa de que se detuviera. Gritó:

—¡Amarren a este perro en el tronco de ese árbol! ¡Arqueros, prepárense!

Tres soldados detuvieron a Sebastián, quien no hizo ni un gesto por defenderse. Lo colocaron en el rugoso tronco de una higuera y le amarraron el torso y sus miembros con cuerdas gruesas. Sebastián sonreía.

—Mientras ustedes, amigos míos, se preparan, déjenme contarles la más bella historia: el nacimiento de nuestro salvador... Ese día, José, un modesto carpintero que vivía en un pequeño pueblo de Palestina, levantó sus ojos hacia la bóveda del cielo. Vio que todo estaba inmóvil y silencioso. De repente, una luz esplendorosa surgió y se dirigió a un pobre establo. Entonces, todos los campesinos y pastores de la región se dirigieron hacia allá...

—¡Cállate! —vociferó Manlio, con la cara roja de coraje—. ¿Qué esperan para detener estas tonterías? ¡Tiren!

Los arqueros se alinearon renegando y se colocaron a una veintena de pasos de Sebastián. Dudaban visiblemente, se consultaban con la mirada y murmuraban en su lengua gutural. Les estaban ordenando ejecutar a su antiguo jefe, un romano que siempre había sido bueno con ellos.

Sebastián aprovechó ese instante de duda para continuar contando su historia.

—A la medianoche, en ese establo, nació el rey de reyes. Entonces, llegada de lo más profundo de los cielos, resonó una voz majestuosa que dijo estas palabras: Paz en la Tierra a los hombres de buena voluntad...

Manlio se volvió loco de rabia. Gritó:

—¡Maten de inmediato a este cristiano! ¡Si no obedecen, perros del desierto, ustedes serán ejecutados!

Entonces, salieron volando algunas flechas con lentitud. Algunas llegaron al tronco del árbol, una le dio a Sebastián en la espalda, otra rasgó su costado derecho y una tercera llegó a su muslo. Pero ninguna de esas heridas era profunda. Y el condenado, con los ojos levantados hacia el cielo, ni siquiera se estremeció. Murmuró:

—Manlio, el soplo ardiente de Dios dispersará tus actos y tus palabras.

—¿Te atreves todavía a invocar a tu Dios? —dijo el prefecto rechinando los dientes—. Entonces, ¿por qué no viene a ayudarte? ¡La verdad es que tienes miedo de morir!

—Tengo miedo por ti, hermano mío. Porque ni tu poder ni tu espada podrán defenderte de la justicia de Dios...

Un hipo cortó las palabras del mártir. Se escuchó el sonido de un nuevo tiro que acababa de hundirse en su vientre, pero no había sido lanzado por un arquero. Fue Manlio, que arrancó un arco de las manos de uno de sus soldados y tiró, a menos de tres pasos de distancia.

—Que Dios perdone tu violencia, Manlio —murmuró Sebastián.

Después, cerró los ojos y su cabeza cayó hacia atrás. Sebastián de Narbona había muerto sin una sola queja.

Pero, en Roma, el cristianismo estaba en marcha.

XIII
EL PRIMER EMPERADOR CRISTIANO

El triunfo de Constantino
(312 d. C.)

En el crepúsculo malva de ese 27 de octubre, un hombre estaba sentado en una silla plegable, delante de una tienda de campaña. Bajo sus ojos se extendían las murallas de Roma, la ciudad milenaria, iluminadas de un color púrpura con los últimos rayos de la puesta del Sol.

El hombre se pasó la mano por la frente. Sus ojos claros dejaban adivinar fácilmente sus sentimientos: una mezcla de recuerdos y preocupación. Su nombre era Valerio Flavio Constantino. Era General de la armada de Oriente, primer Cónsul, y había vencido uno a uno a todos los rivales que se levantaron en su camino de gloria.

En este año 312, Constantino tenía treinta años. No era muy grande, tenía ojos azules y cabello castaño, que empezaba a encanecer. Sus gustos eran simples, como los de otro gran general muerto cuatro siglos antes, a quien admiraba grandemente y de quien estudiaba sin cesar sus escritos: Julio César. Como César, Constantino llevaba una coraza de bronce y no de oro, compartía la vida de campamento con sus tropas, se acostaba en una simple esterilla y comía las mismas raciones a base de galletas de trigo y carne seca.

Esta simplicidad no contrariaba para nada su ambición, que también era una característica de César. Constantino acababa de vencer al emperador Severo, quien reinó sólo durante un año. Para llegar al trono todavía se tenía que enfrentar con el último de los pretendientes a él: Maximino II.

A diferencia de Constantino, cuya ascendencia era pobre, a los diecisiete años se enlistó en la armada y realizó toda su carrera en ella. Maximino no era un verdadero guerrero. Era un noble corrupto que dilapidaba el dinero del Imperio.

Maximino se escudó detrás de las fuertes murallas de Roma con cien mil soldados. Él, Constantino, había llegado de Oriente a marchas forzadas pues no tenía más que cuarenta mil legionarios bajo sus órdenes.

¡Qué agradable sería entrar en la ciudad al son triunfante de los tambores y bocinas! Pero, ¿cómo lograrlo sin ocasionar pérdidas numerosas en su armada?

Unos pasos detrás de él sacaron al Cónsul de sus sueños; era Flavino, el más valiente de sus generales. Un día, Constantino le preguntó:

—¿Crees tú en ese emperador cristiano que quiere traer la paz y la igualdad en la Tierra?

Flavino le había respondido:

—Jesucristo no es un emperador. Es solamente un hombre, a pesar de que es hijo de Dios. En cuanto a establecer la paz y la igualdad, es algo que corresponde a los hombres hacer...

Este discurso hizo suponer a Constantino que Flavino podía ser cristiano. Pero, como se trataba de su compañero más fiel, jamás lo denunciaría ni se separaría de él. Por otra parte, desde la muerte del emperador Diocleciano, las persecuciones habían cesado poco a poco. Y a pesar de que los derechos ciudadanos de los cristianos no se habían restablecido, al menos los dejaban en paz...

—Te veo preocupado, Valerio Flavio Constantino —murmuró el General, sentándose al lado del Cónsul—. ¿Te preocupa la próxima batalla?

—No, pienso solamente en los que van a morir. Dime, Flavino, si le pidiera al dios de los cristianos que me diera la victoria, ¿se dignaría escucharme?

Constantino percibió una sonrisa irónica en la cara barbuda del general.

—No se obtiene nada por nada, ¿sabes? Tú debes también ofrecerle algo a Dios.

Constantino movió la cabeza y no tardó mucho en retirarse a su tienda. Tenía necesidad de meditar.

Este cónsul que pretendía llegar al trono no era especialmente un hombre piadoso. Como todos sus conciudadanos, hacía con regularidad sus ofrendas a los dioses, más por costumbre que por sentir una gran fe en Júpiter o en la multitud de dioses que tenían en Roma.

En realidad, estaba interesado desde hacía mucho tiempo en esa extraña religión llegada de Oriente, que atraía cada año a más y más adeptos. Las palabras de Flavino lo afectaron. Constantino reflexionó por largo tiempo, con la cabeza entre las manos, mientras que del campamento instalado en la planicie llegaban ruidos de choques metálicos. Sus legionarios –la mayoría eran bretones y germanos robustos– afilaban sus espadas y reforzaban sus escudos. Mientras la aurora del día que él sentía decisivo teñía de rosa el campo de otoño, Constantino tomó una decisión.

El Cónsul salió al aire libre, levantó los brazos al cielo y proclamó, con voz fuerte:

—¡Oh, Dios de los cristianos! Si me das la victoria, te juro decretar en todo el imperio la libertad total de culto a tus adeptos, y construir en toda Roma altares que canten tu gloria.

Algunos oficiales, entre ellos Flavino, iban de tienda en tienda, impactados. ¿Qué le pasaba a Constantino? Su jefe tenía la cara levantada al cielo. Sus rasgos presentaban una profunda estupefacción.

Los oficiales voltearon la vista hacia el punto en el cielo al que Constantino dirigía su mirada, pero no vieron nada más que las nubes que iban desapareciendo tras las colinas con el viento fresco de la mañana. ¿Qué pudo ver Constantino, que los ojos de ellos no podían distinguir?

De nuevo, se escuchó la voz del futuro emperador:

—¡Que cada soldado grabe en su escudo la cruz de Cristo!

Los oficiales empezaron a pasar la orden y toda la armada obedeció. Los mercenarios, que tenían creencias diversas, obedecieron con una perplejidad desconfiada; y los pocos cristianos que estaban en las legiones lo hicieron con un secreto orgullo.

Los oficiales se limitaron a levantar los hombros a la espalda de su jefe. Pero el tiempo no estaba para interrogantes. Constantino dio la orden a sus tropas para que se dirigieran al lugar que él había elegido para la batalla: Saxa-Rubra, una pequeña aldea situada a veinte kilómetros al norte de Roma, a las orillas del Tíber.

Maximino confiaba en la superioridad numérica de su armada y envió a su caballería delante de Constantino: prefería derrotar a su adversario en plena campiña que arriesgarse a que los dejaran sitiados –pensó. Fue una equivocación fatal...

La pesada caballería de Maximino era ciertamente impresionante, cubierta, de acuerdo con la moda oriental de algunos pueblos, que protegía al hombre y al caballo con una pesada coraza de escamas. Pero precisamente por eso era muy pesada, con poca movilidad en comparación con los pequeños y ágiles grupos de bretones y germanos que evitaban las cargas y se deslizaban bajo el vientre de los caballos para cortar las piernas de los jinetes.

Los caballeros de Maximino, hostigados por los arqueros y los revoltosos que entorpecían el trabajo de los soldados de infantería, comenzaron la desbandada a media tarde. Una parte de ellos huyó, dejando a miles de cadáveres y heridos que eran demasiado pesados por sus armaduras y rodaron a las aguas enrojecidas del Tíber. Entre quienes intentaron infructuosamente atravesar el puente Milvio para llegar a Roma, se descubrió el cuerpo de Maximino, herido mortalmente en la espalda.

En la noche de este triunfo, Constantino, cansado pero feliz por la victoria alcanzada, estaba en compañía de su fiel Flavino.

—Bien, aquí estamos, hemos vencido —murmuró.

Y añadió, con una voz mezclada de respeto e ironía:

—Para la gloria de Jesucristo.

Los rasgos de Flavino proyectaron asombro. Constantino sostuvo por un instante la mirada de su compañero y después estalló en una carcajada.

—Vamos, mi valiente general, puedes confesarlo: eres cristiano, ¿verdad?

—En efecto, lo soy.

—Pero creo que un mandamiento de tu religión es: ¡No matarás!

El rudo general bajó los ojos, lleno de confusión; antes de responder, tomó el tiempo para desatar los lazos de los protectores de su casco y pasar la mano por su cabeza calva, brillante de sudor.

—Es cierto. Pero Cristo dijo también: Quien vive para la espada, morirá bajo la espada. Maximino hizo matar a muchos de mis hermanos en las arenas. Era necesario que muriera. Y tú lo vas a remplazar, César Augusto. Nadie lo lamentará, porque eres un hombre justo y bueno.

—Si soy eso que dices, ruégale a tu Dios que yo permanezca así a pesar de que mi frente esté ceñida por las coronas de laurel.

El general bajó la cabeza con seriedad. Hizo como si fuera a dar la vuelta, cambió de opinión y bailó en un pie y en otro. Parecía que dudaba en formular la pregunta que le quemaba los labios. Al final, se decidió:

—Por mi parte, tengo una pregunta que hacerte, Constantino. ¿Qué viste en el cielo esta mañana?

La cara del futuro emperador se llenó de una beatitud soñadora.

—Te voy a decir lo que vi, Flavino. En medio de las nubes se apareció una cruz dorada gigantesca, que tenía grabadas estas palabras: *"In hoc signo vinces"*.[50] En ese

[50] *"In hoc signo vinces"*: Bajo este signo lograrás la victoria.

momento comprendí que tu Dios... que Dios me habló y que me llevaría a la victoria. Fue entonces cuando decidí combatir bajo su emblema.

Constantino esperó a la mañana siguiente para entrar en la ciudad eterna, a la cabeza de sus tropas y aclamado por la multitud. Contrario a la costumbre, la gente más modesta –pequeños artesanos, servidores, mendigos e incluso numerosos esclavos– se colocó en primera fila y aplaudió más fuerte que los demás, porque muchos de ellos eran cristianos. Y ya corría el rumor de que Roma, por primera vez en su historia, tendría un emperador perteneciente a su fe –un emperador cristiano.

Constantino sabía cumplir sus promesas. A la mañana siguiente de su coronación, se presentó ante el senado para declarar:

—¡A partir de hoy, los ciudadanos de Roma tendrán una libertad total de culto, y esto aplica para los adeptos a la religión cristiana!

Porque el nuevo Emperador, diplomático y sagaz, no quería que cristianos y jupiterianos se levantaran unos contra otros.

Desde ese momento, los cristianos vivieron en paz a través de todo el Imperio. Las iglesias cristianas, cada vez más numerosas, fueron tomando el lugar de los antiguos templos. Constantino prohibió definitivamente el combate entre gladiadores, ya que se oponía al famoso mandamiento de Dios: "No matarás". Rápidamente lo llamaron Constantino el Grande y su reino duró más de treinta años. Claro que todavía hubo algunas guerras.

Pero, ante los ojos de la historia, Constantino fue considerado el último gran emperador de Roma.

XIV
LA BATALLA DE LOS CAMPOS CATALÁUNICOS

EL ÚLTIMO DE LOS ROMANOS ENFRENTA AL AZOTE DE DIOS (451 D. C.)

En algún lugar por la rivera del Danubio, una ciudad grande y ruidosa se desplegaba sobre la planicie. ¿Una ciudad? Más bien un campamento: toscas casas de madera, tiendas de cuero, carrozas con cubiertas de lona. Ese remedo de ciudad era la capital guerrera de Régula, rey de "los pueblos de la estepa", decían en otras épocas de los hunos.

En un lugar alejado, resguardados por una valla, dos jóvenes se ejercitaban en los juegos de destreza, que son también juegos de las armas: fuete, jabalina, honda.

Esos jóvenes, de veinte años como máximo, eran diferentes en todos aspectos. Uno de ellos tenía una cara larga y aplastada, sin belleza, con cabellos negros y grasosos y la piel cobriza; estaba vestido con una casaca de cuero y botas con clavos. Se mostraba agitado, excitado, hablaba alto y reía fuertemente. El segundo tenía la piel más clara y cabellos rubios y rizados; era un muchacho bien parecido que vestía una túnica de lino y sandalias romanas. Parecía tranquilo, serio y casi altivo.

En ese momento, sopesó una jabalina con una punta de hueso, apuntó y aflojó el brazo. La punta se clavó en el cubo de la rueda de una carroza.

—¡No está mal, romano! —gritó su compañero—. Es mi turno. ¡Observa y aprende de mí!

Y lanzó una jabalina que fue a caer en el mismo lugar donde el tiro anterior se había encajado, desalojándolo de su blanco. El lanzador estalló en una carcajada. El que había llamado "romano" se contentó con sonreír.

—¡No está mal, huno! ¿Me aconsejaste que aprendiera de ello? No te olvides de lo que hacen los maestros: ellos estimulan. ¿Practicamos ahora con el fuete?

Se desabrochó el suyo de la cintura y la correa de cuero sonó en el aire. Un jarrón de vidrio que estaba colocado en lo alto de un poste cayó al suelo. El huno gesticuló, arrancó el fuete de las manos del romano y lo hizo sonar dirigiéndolo hacia una flor amarilla que estaba en la parte alta de la valla. Pero lo hizo con mucha prisa, por lo que sólo algunos pétalos volaron en el aire.

El huno renegó con un sonido gutural.

—Lo harás mejor la próxima vez —dijo el romano, con un poco de ironía—. Recuerda lo que te dije: los maestros motivan.

Blandiendo el fuete, el huno dio unos pasos rápidos en dirección de su competidor. Se creería que le iba a pegar, pero se contuvo y estalló en una carcajada.

—¡Gracioso, romano, gracioso, que todavía hay tiempo! ¿Ves este fuete? Un día hará temblar al mundo. ¡Y ese día llegará cuando yo haya sucedido a Régula, cuando me convierta en rey! Entonces, todos los pueblos que encuentre en mi camino morderán el polvo delante de mis caballos. Los alanos, los godos, los sajones...

El exaltado joven se interrumpió por un instante antes de concluir, con los ojos brillantes:

—¡Al fin les llegará el turno a tus hermanos romanos!

El joven rubio no salió de su impasibilidad. Con la mayor calma, respondió:

—Ese día, me encontrarás frente a ti, Atila.

El nombre sonó con tanta violencia como un golpe de fuete. Atila alzó los hombros y rió con sarcasmo. Obviamente, no creía en las amenazas de su compañero romano... que era también su prisionero.

El prisionero se llamaba Aecio. Tomado de un cuartel que estaba ubicado en las márgenes orientales del Imperio, Aecio se convirtió en uno de los más jóvenes oficiales de la armada romana. Y si este día era un huésped algo especial de un campo bárbaro, se debía simplemente porque había sido designado como rehén, después de oscuros tratos entre los hunos y los romanos de Oriente, que habían hecho de Bizancio[51] su nueva capital, donde la fastuosidad superaba a la de Roma.

¿Cuál era la causa de que Atila tomara verdadera simpatía –con tintes de rivalidad, claro– por ese valiente enemigo de su edad? Era uno de los misterios del destino. En todo caso, helos aquí, frente a frente, midiéndose uno al otro. Sabían que tenían igual fuerza, valentía e inteligencia. Sabían también que su próximo enfrentamiento se desarrollaría en un terreno muy diferente.

[51] Bizancio: hoy, Estambul.

Efectivamente, era su última justa amistosa.

Después de los nuevos acuerdos de paz entre los romanos de Oriente y los hunos, Aecio sería nombrado jefe de una caballería ¡de sesenta mil mercenarios hunos! Debido a este acuerdo, dejó el campo de Atila a la cabeza de esta horda inmensa de guerreros de las planicies que le serían fieles hasta diez años más tarde, cuando la paz entre Bizancio y Atila quedara rota. Y cuando los hunos llegaran en tropel sobre el inmenso Imperio Romano.

Diez años más tarde, en la Galia romana...

Orleáns resistía, después de cinco semanas, cuando se abrió una primera brecha en la muralla oeste. Mientras seguían realizándose asaltos continuos en los tres lados restantes del cuadrilátero, un pequeño grupo de bárbaros audaces –¿acaso no todos lo eran?– habían cavado bajo los cimientos. El agua del drenaje se había infiltrado, acabando de minar las fortificaciones.

—¡Los bárbaros! ¡Los bárbaros! —gritó un centinela antes de derrumbarse por una flecha que atravesó su garganta.

Ese grito fue totalmente inútil: los asaltantes ya habían entrado con violencia en la ciudad, invadiendo las callejuelas y las casas que ya estaban parcialmente incendiadas por los proyectiles de paja o telas en llamas.

Claro que los ciudadanos lucharon con valentía, cuerpo a cuerpo. Pero, ¿cómo resistir a esas hordas de guerreros sin piedad que, año tras año, se abalanzaban sobre la Galia romana como tábanos con dardos mortíferos y que se encarnizaban contra un apacible rebaño?

Todo en ellos era aterrorizante: su cara plana color cobrizo, sus largos bigotes embadurnados de grasa, su casco con una corona de piel de yac en la punta, su costumbre de cabalgar con el torso desnudo, como si se creyeran invulnerables. ¡Los gritos horribles que daban cuando realizaban sus asaltos! ¡Sus pequeños caballos negros de ojos locos, que parecían tan feroces como ellos! ¡Su habilidad con el venablo, al que extrañamente le faltaba la punta! ¡Sus espadas curvas, afiladas como navajas, que hacían volar las cabezas! ¡Y esa táctica de capturar a sus prisioneros con redes lanzadas desde lo alto de sus corceles!

Definitivamente, los hunos podían muy bien ser criaturas vomitadas por el infierno. Porque esos bárbaros que, oleada tras oleada, acudían en tropel a través de un país que ya había sufrido invasiones esporádicas durante dos siglos, eran los hunos. Desde su reino, situado en las planicies de Hungría, no cesaban de extenderse por el mundo como un río. Hacia el Este, habían llegado hasta la India; hacia el Oeste, después de haber conquistado Germania y expulsado a los visigodos, se expandieron hacia la Galia matando, violando, robando e incendiando…

¡Sus fuerzas se calculaban en seiscientos mil jinetes!

Ya habían caído Colmar, Estrasburgo, Bizancio, Toul, Arras y Reims. La excepción era Lutecia,[52] salvada –decían– gracias a las oraciones de una joven monja llamada Genoveva –¡un verdadero milagro!–; parecía que nadie podía resistir a los hunos y a su jefe, Atila, a quien habían puesto el sobrenombre de "el Azote de Dios".

En nada se diferenciaba Atila de sus guerreros: vestido con pieles de animales, su torso brillante de grasa, jinete intrépido, combatiente insuperable, cabalgaba siempre a la cabeza de sus hordas. Tenía la costumbre de decir: "Por donde pasan mis caballos, la hierba no crecerá jamás."

Atila ya había atravesado las fronteras derrumbadas, rodeado de sus hombres vociferantes, con sus lanzas levantadas, y se aprestaba para llegar hasta el corazón de la ciudad.

—Estamos perdidos —murmuró Flavio Gasca, el prefecto de la ciudad, quien se

[52] Lutecia: nombre primitivo de la ciudad de París.

había resguardado en su palacio con algunos hombres todavía sanos.

—¡No, Flavio! ¡Observa!

Quien lo interpelaba de esa manera era Corvinio, capitán de la guardia. Gasca fue rápidamente hacia la ventana donde su segundo se inclinaba con los brazos extendidos.

A lo lejos, en la planicie, iluminados de manera sobrenatural por los rayos del Sol de primavera, se veían brillar miles y miles de cascos, de escudos y de corazas. Toda una armada, que parecía tan numerosa como la de Atila —o quizá aún más.

Mientras los dos defensores contemplaban con la boca abierta ese espectáculo increíble, la armada de salvadores llenaba el horizonte y avanzaba directamente hacia la ciudad.

—¡Aecio! –murmuró el prefecto.

Aecio cabalgaba a la cabeza de su caballería. Ya no era el esbelto adolescente que diez años antes estaba cautivo en el campo de Atila. Se había convertido en un hombre de músculos poderosos, y sus ojos negros contrastaban con su cabello rubio, ahora muy corto. Estaba equipado de la misma forma que las generaciones de generales romanos antes que él: casco, coraza de bronce resaltada con oro y larga capa púrpura que volaba con el viento. Montaba un caballo blanco adornado fastuosamente. Su insignia enarbolaba el águila imperial, y el *labarum*[53] llevaba las iniciales y la cruz de Cristo que se remontaban al reinado de Constantino.

—¡Por allá! ¡Por allá! —ordenaba Aecio, levantando su bastón de mando.

Señalaba a los grupos de caballeros que daban la vuelta alrededor de las murallas de Orleáns y se reagrupaban para hacer frente a ese nuevo adversario.

La caballería de Aecio se puso en movimiento y se dispersó en pequeños grupos de un centenar de hombres.

[53] *Labarum*: estandarte, en latín.

Contrariamente a su jefe, esos soldados no llevaban las pesadas corazas de metal de las legiones de antaño, sino casacas de cuero, pieles de animales y cascos adornados con cuernos de animales. Y sus armas favoritas eran la jabalina, la honda y el sable corto. En suma, se parecían mucho a los que se preparaban a combatir.

La armada de Aecio no estaba compuesta por romanos, sino por bárbaros –godos, germanos, armoricanos, alanos, francos, ¡e incluso hunos! Una armada disparatada, reclutada aquí y allá por las fronteras que estaba dejando vacías las cajas del Imperio vacilante, porque Roma ya no tenía suficientes hombres para defender su territorio. Y para combatir a los bárbaros no había otra solución que reclutar a otros bárbaros.

Las tropas lanzadas por Aecio comenzaron a cortar en pedazos las masas compactas de los hunos, desconcertando a los jinetes, traspasando los torsos desnudos y tomando el campo para regresar de inmediato al ataque.

Desorientados, los sitiadores no tardaron en retroceder en desorden a través de los derrumbes de la muralla caída, intentando agujerear el cerco enemigo. Por una vez, los conquistadores tenían que hacer frente a adversarios de su medida. No a los acuartelados romanos suavizados por la buena vida, de los que decían que su copa de vino pesaba más que su espada, sino guerreros que empleaban la misma táctica que ellos y que sabían pelear.

Aecio sabía combatir. Lo había probado contra los persas, los francos y los sajones. Unos años antes había sido nombrado General de la caballería romana por el joven emperador Valentino, refugiado en Ravena,[54] y decían que era incapaz de gobernar. Mientras los hunos habían entrado en tropel en la Galia romana, Aecio se encontraba al norte de la Germania. Pre-

[54] Después de un siglo, los emperadores romanos de Occidente se establecieron, cada vez con más frecuencia, en Ravena, ciudad situada en la orilla del mar Adriático y supuestamente menos expuesta que Roma.

visto por un enviado del Emperador, había logrado reunir sesenta legiones en tiempo récord. Y, atravesando una buena parte de Europa del Norte al Sur a marchas forzadas, se plantó al fin delante de los hunos.

¡El General había esperado este momento desde hacía mucho tiempo, y al fin había llegado!

Aecio entrecerró los párpados. ¿Ese jinete que se veía allá lejos y a quien la distancia no disimulaba su alta talla y presencia, no era...?

Ante la sorpresa de sus oficiales, Aecio espoleó a su caballo y se lanzó en un galope acelerado. Le escucharon gritar:

—¡Atila! ¡Ya te había prevenido que un día estaría frente a ti!

Pero su adversario estaba muy lejos. Después del galope perdido, el General tuvo que tomar la decisión de jalar las bridas de su brioso corcel. La bestia se encabritó y relinchó. Al final de la planicie, ese que Aecio había reconocido como Atila en persona se dio a la retirada. Y toda su armada con él. Rápidamente, en las luces anaranjadas de la tarde, ya no había en el horizonte más que una densa barrera de polvo levantado por las innumerables pezuñas de los caballos.

—No irás muy lejos, lo sé —murmuró Aecio para sí mismo—. Me vas a esperar detrás de las colinas, pensando que yo me lanzaré de inmediato a perseguirte y caer directo en la trampa que me estás tendiendo. Me subestimas, ¿o acaso habrás olvidado nuestros juegos de antaño?

El General sonrió desganado. Sus oficiales se habían reunido con él, así como los reyes bárbaros que estaban bajo sus órdenes. El ardiente Teodorico, jefe de los visigodos, colocó su montura al lado de Aecio. Como la mayoría de sus guerreros, Teodorico era un gigante con cabellos rubios trenzados en dos partes que revoloteaban en su espalda cuando cabalgaba.

—¡¿Qué estamos esperando?! —vociferó Teodorico, blandiendo su pesada espada

de bronce como un romano de esa época nunca hubiera podido—. ¡Hay que ir tras ellos!

—Calma, majestad. ¿Qué crees que está haciendo Atila en este instante? Está distribuyendo su caballería detrás de las colinas. Y, detrás de su caballería, está reuniendo sus carrozas en una barrera ininterrumpida. Si hacemos la cargada en masa, nos arriesgamos a romper nuestro arranque e impulso contra sus defensas. Dejemos, pues, que los hunos nos esperen. Cuando se den cuenta de que nosotros no nos movemos, seguirán su ruta hacia el Sur, sin dejar de hacer pillaje y dispersando sus tropas. Es más inteligente seguirlos a distancia y no atacar hasta que todas las probabilidades estén de nuestro lado.

Aecio sorprendió una mirada de admiración en los ojos azules de Teodorico; después, jaló su brida para llegar a Orleáns.

Los hunos se condujeron exactamente como había dicho Aecio. Se enfilaron hacia el Sur, pasaron el río Sena y, en una guerra floja, se establecieron delante de Châlons. La ciudad resistió. Las tropas de Atila se desmembraron en grupos en esta región, rica en cultura, llamada Campos Cataláunicos.[55] Éste era el momento que esperaba Aecio.

Apenas se levantaba el alba. El horizonte estaba lleno de bruma hacia los cuatro puntos cardinales. Se sentía una calma sobrenatural. Aecio había hecho forrar con tela los cascos de los caballos de la tropa que iba adelante. En alguna parte delante de él se escuchaba el inmenso campamento de los hunos. Tan cerca, que se podían escuchar los ruidos que subían: martillazos en el hierro de las espadas y cantos de borrachos.

El General levantó el brazo. El día que seguiría a esta noche sería una dura jornada. En estas pocas hectáreas de tierra gala

[55] Campos Cataláunicos: hoy, la Champagne.

vestida de bruma se iba a jugar la suerte de todo el Imperio Romano. Y era él, Aecio, quien iba a lanzar los dados. Bajó el brazo y la nube cristalina de su aliento se condensó ante su boca. Después, el ruido ensordecedor de los caballos llenó la atmósfera húmeda de otoño.

El General había tomado el mando del ala derecha, con sus fieles hunos. Había confiado el ala izquierda a Teodorico y sus visigodos. El centro lo manejaban las legiones de Ravena, los francos, los alanos y algunas otras armadas mercenarias que formaban una línea discontinua. Era una táctica debidamente premeditada.

Los hunos, despertados por el estruendo de la cargada, se precipitaron en desorden exactamente delante de ellos, perforando sin problema el vientre blando de la armada de Aecio. Los hunos estaban seguros de lograr la victoria, ya que para ellos era natural, pues siempre habían sido invencibles, y se dieron cuenta demasiado tarde de que estaban prácticamente atenazados por las caballerías de Teodorico y de Aecio.

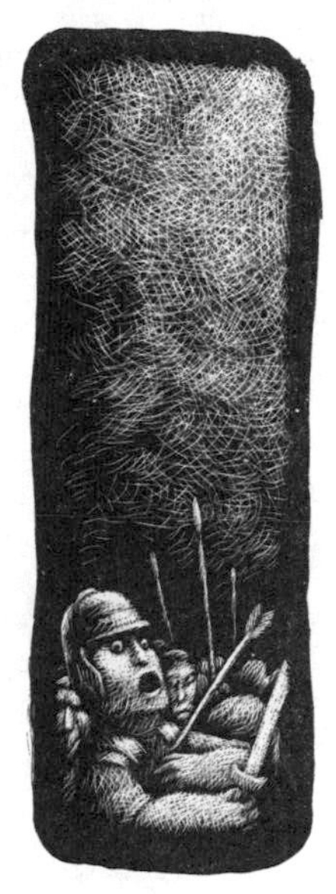

El choque fue gigantesco y, en medio de la bruma que se diluía bajo los primeros rayos del Sol, la apacible planicie de Champagne resonaba con el estrépito de las armas, el relincho de los caballos enloquecidos, el estertor de los moribundos y los alaridos de los heridos.

Cuando el Astro se colocó en lo alto del cielo, el combate aún no había acabado. Cuando la noche cubrió con su manto misericordioso los ríos de sangre que serpenteaban sobre la tierra, los combates todavía continuaban.

Después del choque entre los grupos compactos de caballería, las armadas antagonistas se mezclaron estrechamente. Se luchaba a pie, cuerpo a cuerpo, en duelos singulares, sable contra puñal, lanza rota contra piedras, con las manos desnudas. El más pequeño camino, la más pequeña colina, el más delgado riachuelo, todo servía como terreno de enfrentamiento.

Los hunos habían perdido la primera batalla, siempre decisiva; ahora, retrocedían, dejando en el terreno muchos más muertos que las tropas de Aecio. Montado en su caballo, el General seguía la configuración geográfica del combate para dar las órdenes necesarias. En muchas ocasiones, gritaba entre el tumulto:

—¿Dónde estás, Atila? ¡Ven a encontrarme! Tenemos una última partida que jugar juntos.

Pero nunca fue capaz de ver a su adversario. Una sola vez escuchó la voz ronca, muy conocida, clamar desde lejos:

—¡En Roma, Aecio! ¡Nos volveremos a encontrar en Roma!

Y la risa sarcástica de Atila se elevó en medio de la tempestad de acero. Entonces, una nueva peripecia del combate apagó los ecos. En medio de la noche, Teodorico arrastró a sus caballeros hacia un valle cercado donde estaban los restos de la armada.

—¡Los perseguiré, si es necesario, hasta las orillas del Danubio o las estepas de Mongolia! —clamó el Rey de los visigodos.

Ésas fueron las últimas palabras que escuchó Aecio de su aliado. Un poco más tarde descubrieron el cuerpo de Teodorico, reventado por veinte golpes, en medio de varios centenares de soldados que habían caído en una emboscada previsible.

A lo lejos se veía elevarse un círculo de llamas. Eran las carrozas que Atila había hecho incendiar para proteger su retaguardia.

—¿Atacamos? —preguntó Arcadio, el principal lugarteniente de Aecio.

Una vez más, el General eligió la prudencia.

—Nuestras tropas están agotadas. ¿Para qué arriesgarnos a tener más muertos, si queremos ganar la batalla? Reflexionaremos mañana.

Pero, a la mañana siguiente, cuando un Sol pálido salió y diluyó la bruma, el campamento de Atila estaba desierto. Usando a su favor la tregua nocturna, los hunos se retiraron. Sobre los campos enrojecidos se desplegaban miles y miles de cuerpos, y ya empezaban a llegar los primeros cuervos para iniciar su fúnebre tarea.

De acuerdo con la memoria histórica, los Campos Cataláunicos fueron el lugar en donde se llevó a cabo la batalla más gigantesca de toda la antigüedad. Se dice que tomaron parte en ella un millón de hombres, de los cuales trescientos mil encontraron allí la muerte.

Eso no impidió que el general Aecio lograra su objetivo: salvar al Imperio. Ganó también un sobrenombre: "El Último Romano". Y esto es a la vez exacto y no falto de ironía, si se recuerda que la armada victoriosa que comandaba estaba constituida por bárbaros en su mayor parte.

Al año siguiente, Atila regresó con nuevas tropas, siempre con sed de conquistas. Sin embargo, protegió a Roma, con la que se había unido a través de un nuevo y efímero tratado. Atila y Aecio no tuvieron jamás la oportunidad de terminar su juego, porque Atila murió en el año 453, estrangulado por su propia esposa, Ildico, a quien los romanos llamaban Hildegarda.

En cuanto a Aecio, fue mandado asesinar un año después por el emperador Valentiniano, quien no soportaba la adulación de los romanos hacia quien logró vencer a Atila.

Así estaba el mundo en esos lejanos años.

La Italia romana en el nacimiento de Roma

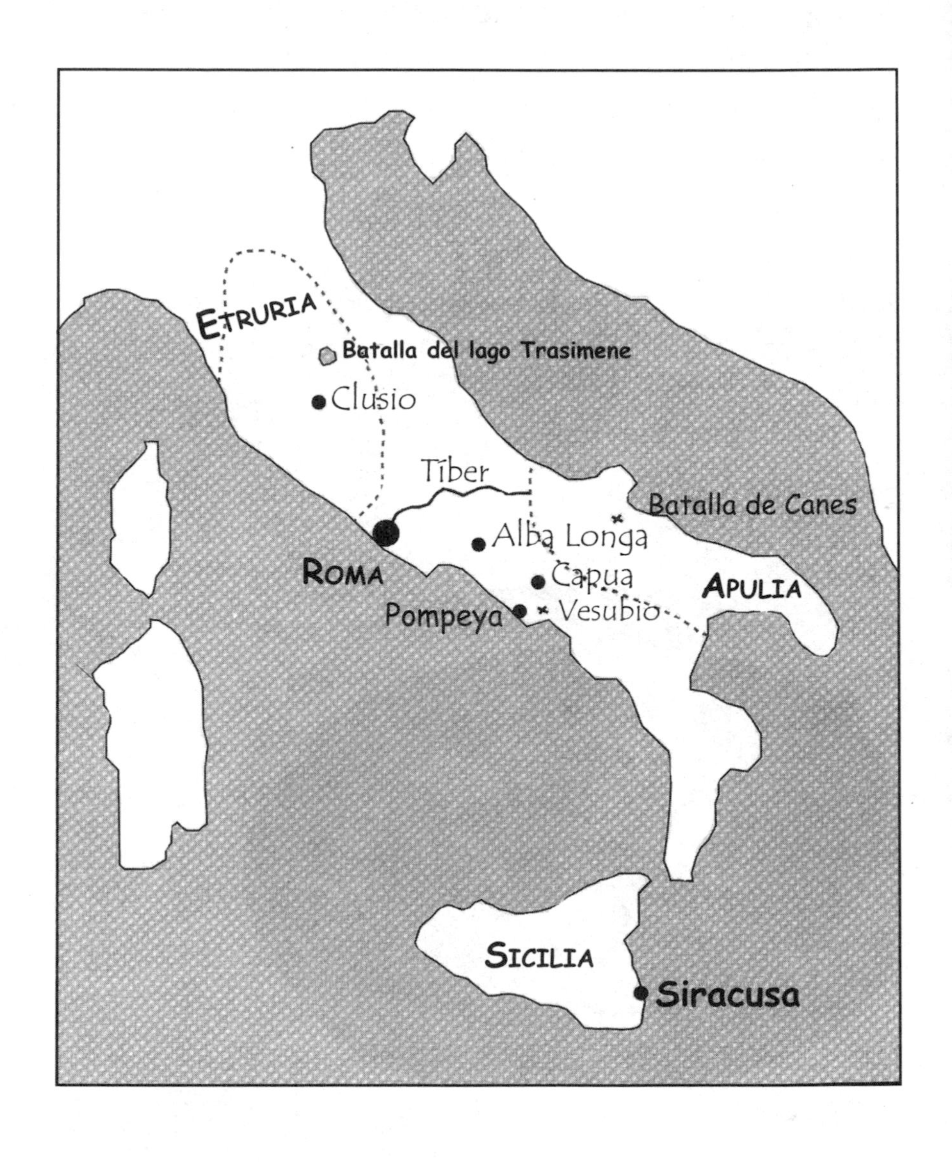

EPÍLOGO

¿Por qué Roma?

En efecto, ¿por qué Roma?

O, más exactamente: ¿por qué elegí contar, a través de la figura de algunos coloridos personajes, la historia de la Roma antigua?

Por dos razones: Roma fue la más poderosa, la más brillante y, sobre todo, la más duradera de todas las civilizaciones de la antigüedad (duró mil años). Luego, desapareció de una manera que, visto desde la perspectiva de nuestra época, puede parecernos frecuente. Pero esta desaparición no fue total, ya que la civilización romana dejó sus huellas —innumerables huellas en forma de monumentos, escritos y también una lengua: el latín, que es la base del francés y el español que hablamos en el siglo XXI.

Es por estos hechos que Roma nos fascina y me fascina –igual que los dinosaurios.

Si quisiéramos reflexionar sobre ello, la suerte de Roma es comparable con la de esos impresionantes animales de la era secundaria. Los dinosaurios reinaron sobre la Tierra durante un tiempo extremadamente largo –aproximadamente doscientos millones de años–, más tiempo que ninguna otra criatura viviente. Y ellos también desaparecieron en un tiempo muy corto, hace sesenta y cinco millones de años. Pero, como Roma, nos dejaron innumerables huellas: sus esqueletos enterrados, que permitieron a los sabios e investigadores reconstruirlos, lo que hizo posible que conociéramos su forma de vida, y a cineastas como Spielberg, soñar (y atemorizarnos) con películas como *Jurassic Park*. De esta forma, sabemos todo, o casi todo, de los dinosaurios, a pesar de que jamás los volveremos a ver en ningún rincón de nuestro planeta.

De la misma manera, conocemos todo, o casi todo, de Roma y los romanos, a pesar de que la Italia actual no tiene ningún parecido con el Imperio Romano, y a pesar de que los italianos serían incapaces de comprender a un romano hablando en latín. Y esto, gracias a las ruinas que, como los dinosaurios, vencieron al tiempo y nos permiten visitar Tipasa, en Argelia; Baalbek en el Líbano; y en Roma, claro, el escenario donde vivían los ciudadanos romanos. Pero también gracias a la organización de su sociedad, la cual nos sirvió de modelo: el "código napoleónico", sobre el que se sustentan la mayoría de nuestras leyes, está basado en las leyes bizantinas que a su vez derivan de leyes romanas. En fin, por la lengua, ya que una buena parte de las palabras que empleamos tienen, para hablar con propiedad, una "raíz" latina ("trabajo", o "labor", proceden del latín *labor* —es sólo un ejemplo entre miles).

Entonces, ¿por qué desapareció este Imperio que cubría Europa, una parte de África y el Medio Oriente? Porque este gigante tenía los pies frágiles. Como los dinosaurios, esos otros gigantes feroces a los que un cambio de clima fue suficiente para hacerlos desaparecer.

Roma era débil porque vivía apoyada en la seguridad de su propia fuerza, en el poder de su armada, en la explotación de los territorios conquistados y en la represión de sus pueblos, pero sin una verdadera cohesión social. En Roma había más esclavos (en algunos dominios llegó a haber hasta tres mil) que ciudadanos libres. Entonces, se abatió sobre ella, a partir del primer siglo de nuestra era, un gran "cambio climático" llamado cristianismo. La religión cristiana, de acuerdo con las enseñanzas de Jesucristo, proclamaba que cada hombre debía ser libre e igual a los demás. Y Roma se derrumbó a causa de este gigantesco cambio social —al menos tanto como por las invasiones bárbaras—; los "bárbaros" no eran ni más ni menos civilizados, ni más ni menos crueles que los mismos romanos. La prueba está en que Clovis (461-511), primer rey que estableció las bases del futuro reino de Francia, era, ante los ojos romanos, un "bárbaro".

En cierta forma, la historia de Roma nos da una seria lección de humildad. Al respecto, es útil anotar aquí las palabras del escritor francés Paul Valery: *Nosotras, civilizaciones, sabemos ahora que somos mortales.*

Como eran mortales los dinosaurios y los romanos, todo lo que vive y ha vivido; todo lo que se ha elevado, inevitablemente caerá. Pero, afortunadamente, es posible sobrevivir en las memorias. La leyenda se hizo para ello, y también la Historia, porque por lo menos ellas permanecen. ¿Quién no ha escuchado hablar del diplodocus y del tiranosaurio? ¿Quién no sabe de la existencia de César, de Espartaco, de Nerón?

Tenía mucho interés de presentar estos relatos de los grandes héroes de Roma —legendarios, como Rómulo y Remo, y reales como Espartaco, el esclavo insurgente; Julio César, el conquistador de las Galias e incluso Nerón, el Emperador Loco, para revivir los recuerdos y hacer revivir a estos grandes personajes. ¡En vista panorámica y a todo color, como en el cine! Para enseñar divirtiendo y, sobre todo, para hacer soñar.

Y para que no nos olvidemos de que todos nosotros, pequeños eslabones en la larga cadena de la vida sobre la Tierra, poseemos algunas células de dinosaurios, y algunas neuronas de los romanos.

BREVE CRONOLOGÍA DE LA HISTORIA DE ROMA

Esta cronología es breve y no presenta a todos los reyes, cónsules, emperadores y otros grandes personajes que se sucedieron en Roma durante más de mil años. El objetivo simplemente es dar al lector un esbozo de esta abundante historia. Para mayor claridad, los periodos o sucesos tratados en este libro están en caracteres cursivos.

Antes de Jesucristo

753. Fundación mítica de Roma por Rómulo y Remo.

749. Guerra entre romanos y sabinos (episodio del rapto de las sabinas), monarquía compartida entre el romano Rómulo y el sabino Tito Tatius.

509. Roma elimina definitivamente a los reyes etruscos (altos hechos de Mucio Scaevola y Horacio Cocles) y proclama la República.

485. Primeras invasiones: Coriolan derrota a los volscos.

390. Invasiones galas, saqueo de Roma por Breno (episodio de "los gansos del capitolio").

343-291. Guerras Samnitas, al final de las cuales Roma extendió su territorio hasta la casi totalidad de la Italia actual.

280. Primeras invasiones llegadas del otro lado del Mediterráneo: Pirros, rey de Epira, cruza los Alpes con elefantes.

264-241. *Primera Guerra Púnica: Roma contra Cartago.*
218-202. Segunda Guerra Púnica, en la que Escipión, el africano, derrota a Aníbal (sitio y destrucción de Siracusa).
149-146. Tercera Guerra Púnica: Cartago es destruida. Después de otras victorias en Macedonia, Persia, etcétera, Roma se extiende a dos tercios del mar Mediterráneo.
125. Inicio de la conquista de las Galias.
89-63. Guerras incesantes contra Mithridate, rey de los partos, quien fue finalmente derrotado por el cónsul Pompeyo.
73-71. La gran revuelta de los esclavos. Espartaco es derrotado por los cónsules Craso y Pompeyo.
60. Por primera vez, Roma es dirigida por un triunvirato de cónsules que comparten el Imperio: César, Pompeyo y Craso.
59-51. César conquista la Galia.
48-44. César es el que sobrevive del triunvirato. Somete a Egipto (y a Cleopatra)... Es asesinado en el año 44.

43-30. Nuevo triunvirato. Marco Antonio en Egipto, con Cleopatra; la muerte de los dos en el año 30.

27 a.C.-14 d.C. Octavio recibe el sobrenombre de Augusto. Establece un sistema monárquico. Su reinado dura cuarenta y un años y es el más largo de la historia romana.

Año 0. Nacimiento hipotético de Jesucristo.

DESPUÉS DE JESUCRISTO

14-37. Reinado de Tiberio. Supuesta muerte de Jesucristo en el año 33.

54-68. Reinado de Nerón. Primeras persecuciones contra los cristianos. Incendio de Roma en el año 64.

79. Pompeya y otras tres ciudades son enterradas bajo la lava del Vesubio.

97-117. Reinado de Trajano; apogeo de las conquistas territoriales y del poderío de Roma.

117-138. Reinado de Adriano, gran constructor, quien hizo elevar gigantescas murallas en las fronteras amenazadas.

171-180. Reinado de Marco Aurelio. Guerras en Germania. Se vuelven a dar invasiones contra Roma.

235-284. Problemas internos, sucesión rápida de emperadores, invasiones múltiples: el Imperio se empieza a derrumbar por todas partes y se divide claramente entre el Imperio de Occidente, cuya capital es Roma, y el imperio de Oriente, con la nueva capital de Bizancio.

312-337. Victoria de Constantino (el primer emperador cristiano) sobre Maximino. Fin de las persecuciones. Se transfiere la capital a Bizancio, en Asia Menor.

401. Inicio de las últimas grandes invasiones bárbaras: Roma es tomada en el año 410 por los godos de Alarico.

451. *Último coletazo, victoria efímera de Aecio sobre Atila en los Campos Cataláunicos, cerca de Troya.*

476. Rómulo Augústulo, último emperador romano de Occidente,

553. Teodato, último emperador bárbaro en Roma, que se convierte por siglos en una pequeña ciudad sin importancia.

A partir del siglo IV, el poderío y el esplendor de Bizancio y del Imperio Romano de Oriente fueron cada vez mayores, con grandes emperadores como Arcadio (395-408), Teodoro II (408-450), o Justiniano (527-565) y su esposa Teodora. El Imperio Romano de Oriente duró mil años más, hasta la caída de Bizancio (que se convirtió en Constantinopla), que fue tomada por los turcos en el año 1453 —fecha considerada por los historiadores como el fin de la Edad Media (¡pero ésa es otra historia!).

IMPERIO ROMANO EN LA ÉPOCA DE AUGUSTO
(APROXIMADAMENTE EL AÑO 15 ANTES DE CRISTO).

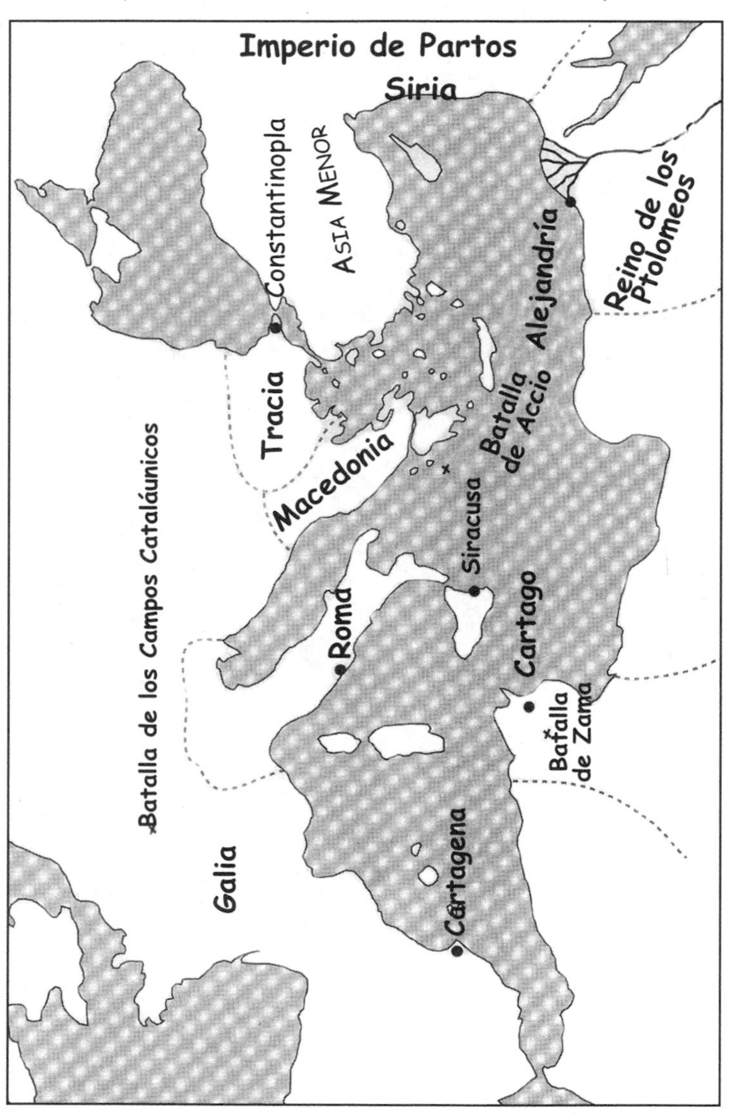

BIBLIOGRAFÍA

Existen miles de obras sobre la historia romana. La corta lista que sigue no refleja las mejores obras o las más importantes sobre el tema. Se trata simplemente de los libros de los que me serví para escribir esta historia de algunos de los héroes romanos.

Orvieto, Laura, 1994, *Cuentos y leyendas del nacimiento de Roma*, Fernando Nathan 1933; Pocket Junior.

Defrasne, Jean, 1958, *Relatos sacados de la historia de Roma*, Fernando Nathan.

Duché, Jean, 1958, *Historia del mundo, tomo I: El animal vertical*, Flamarion.

Grimal, Pierre, 1960, *La civilización romana*, Arthaud.

Grimberg, Carl y Georges H. Dumont, 1963, *Historia Universal, Tomo. 2: Grecia y los orígenes del poderío romano; tomo 3: Roma, la antigüedad en Asia Oriental, las grandes invasiones*, Marabout, Bélgica.

Auguet, Roland, 1970, *Crueldad y civilización: los juegos romanos*, Flamarion.

Montanelli, Indro, 1964, *Historia de Roma*, Libros de Bolsillo.

Grimal, Pierre, 1973, (trad.), *Vidas de 12 Césares*, de Suétone, Libros de Bolsillo.

Miquel, Pierre, 1980, *En el tiempo de los legionarios romanos*, ilustraciones de Yvon Le Gall, "La vida privada de los hombres", Hachette.

Cornell, T. y J. Matthews, 1982, *Atlas del mundo romano*, Fernand Nathan.

Bessière, Gérard, 1993, *Jesús, el dios inesperado*, "Descubrimientos", Gallimard.

Flamarion, Edith, 1993, *Cleopatra, vida y muerte de un faraón*, "Descubrimientos", Gallimard.

Beaude, Pierre-Marie, 1993, *Primeros cristianos, primeros mártires*, "Descubrimientos", Gallimard.

Gibbon, Eduardo, 1995, *Historia de la declinación y la caída del Imperio Romano, tomo 1: Roma (de 95 a 582); tomo 2: Bizancio (de 455 a 1500)*; presentación de Michel Barjon, "Bouquins", Robert Laffont.

A estas obras históricas quiero añadir, para no hacer a un lado el "color local":

- Cuatro romanos:

Wiseman, 1982, *Fabiola*, Pocket.

Wallas, Lewis, 1993, *Ben Hur*, Pocket.

Sienkiewics, Henryk, 1996, *¿Quo Vadis?*, Hachette.

Fast, Howard, 1999, *Espartaco*, L´atalante.

• Las series de dibujos animados y documentales animados de Jacques Martin: *Alix, Orion, Los viajes de Alix, Los viajes de Orion* (Casterman, Orix, Dargaud y una cuarentena de álbumes de 1949 a la fecha).

• Algunas películas imprescindibles:

El signo de la cruz, de Cecil B. de Mille (Estados Unidos, 1930).

Fabiola, de Alexandre Blasetti (Italia, 1946).

La túnica, de Henry Koster (Estados Unidos, 1953).

Julio César, de Joseph L. Mankiewicz (Estados Unidos, 1953).

Ben-Hur, de William Wyler (Estados Unidos, 1960).

Cleopatra, de Joseph L. Mankiewicz (Estados Unidos, 1963).

Gladiador, de Ridley Scout (Estados Unidos, 2000).

Jean-Pierre Andrevon

Nació y ha vivido siempre en Grenoble, en medio de las montañas. Vive en una casa enorme, fuera de la ciudad y sobre una colina, con sus cinco gatos.

Desde muy joven se apasionó por la ciencia ficción, inspirado por *La guerra de los mundos*, de H. G. Wells; la película *Guerra en la Tierra* y *Coq hardí*; y por el cine, con el descubrimiento de Charles Chaplin, las películas de *Tarzán*, con Johnny Weissmuller y de *Robin de los bosques*, interpretado por Errol Flynn. Fue gracias a estos amores de su infancia que más tarde se convirtió en pintor, escritor y guionista de películas animadas y de cine.

Hoy, con más de cien libros publicados en los géneros más diversos, no se ha olvidado de sus pasiones, que continúan motivándolo e inspirándolo. Ama la Naturaleza y los animales, y los ha hecho protagonistas de muchas de sus novelas como *La noche de las bestias* (Hachette), o *¿Dónde están los elefantes?* (Alfil). Se interesa en los dinosaurios (*El hombre de los dinosaurios*, Le Seuil) y en la Historia —particularmente de la Segunda Guerra Mundial (Sherman, *Flamarion*, o *Los resucitados de Noël*, Denoël), y está claro que también en la historia romana que conoció desde niño, con los peplos vistos en el cine y las lecciones de latín cuando estaba en el liceo, durante las que, en ocasiones, devoraba un libro perdido y jamás encontrado: *Roma y los romanos*. Por eso es que se decidió un día a escribir sobre los héroes de Roma. ¡Ahora, es un hecho!

EMRE ORHUN

(O LOS ATRIBUTOS DE UN BÁRBARO)

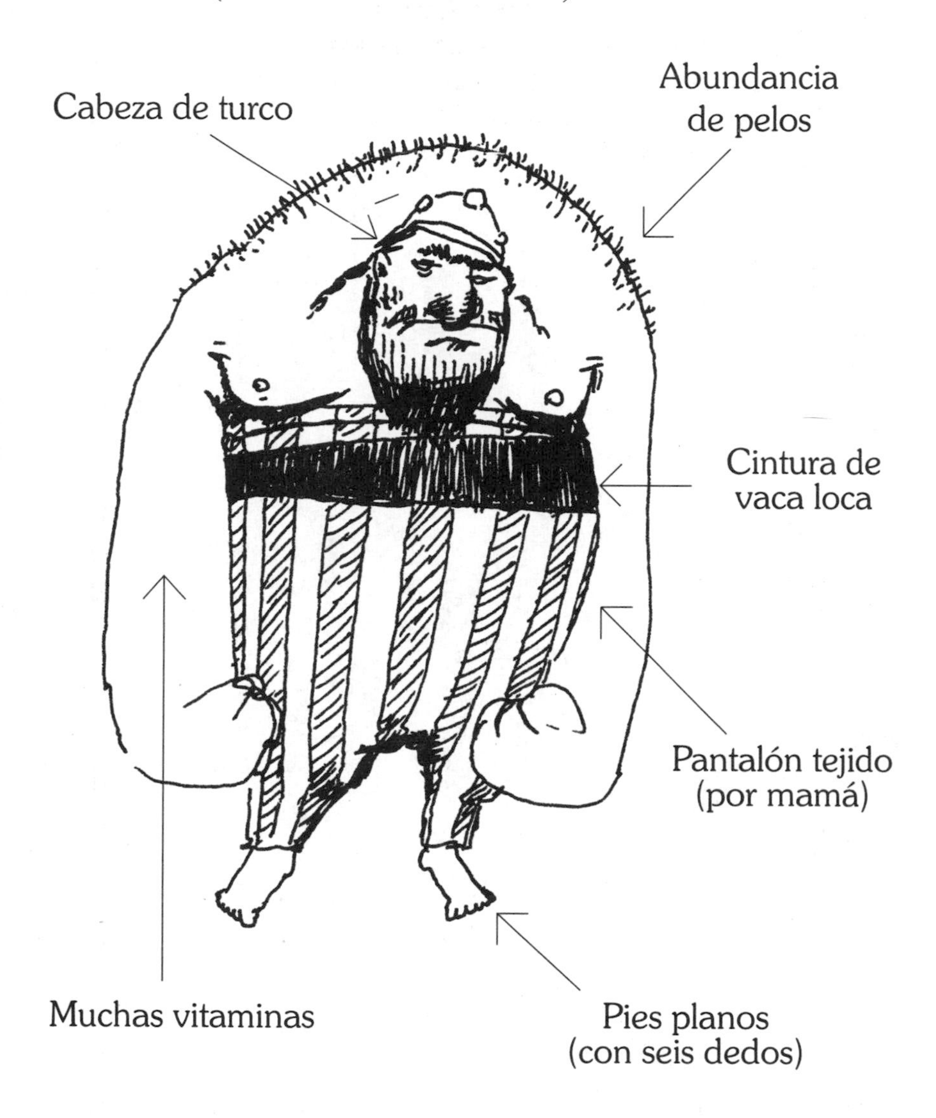

MEMORIAS DEL MUNDO

Cuentos y leyendas de los héroes de la antigua Roma
Cuentos y leyendas de los Juegos Olímpicos
Cuentos y leyendas de los Caballeros de la Mesa Redonda
Cuentos y leyendas de los caballos ilustres